교수의
속사정

교수의 속사정

교수가 아니면 알 수 없는 **교수사회 속살 파헤치기**

지은이 최성락

페이퍼로드
paperroad

필자는 다른 사람들이 자기 직업을 이야기하는 책을 많이 읽는 편이다. 서점에는 직업 관련 책이 많이 있다. 판사가 쓴 판사 이야기, 검사가 쓴 검사 이야기, 변호사가 쓴 변호사 이야기도 많이 나와 있고, 국회의원이 쓴 국회의원 이야기도 있다. 의사가 쓴 의사 이야기도 정말 많고, 간호사 등이 쓴 책도 많다. 도배사, 목수, 택시 운전사, 버스 운전사, 청소부 생활을 다룬 책도 있다. 불법 도박을 하는 사람, 교도관, 학원강사, 보험업자, 부동산 중개사의 책도 있다. 물론 공무원, 경찰, 군인도 있고, 편의점 등 각종 아르바이트에 관련된 책도 있다.

필자는 이런 직업에 관한 이야기를 굉장히 좋아한다. 외부인은 알 수 없고, 그 직업을 가진 사람만 알 수 있는 정보가 많다. 우리가 일반적으로 쉽게 만나는 직업이지만, 그 직업만의 남모르는 애환도 알 수 있다. 물론, 직업인 한 사람 개인의 이야기일 뿐이고 그 직업의 모든 것을 다 이야기하지는 않는다. 깊이 없는 수박 겉핥기에 불과한 지식일 수도 있다. 하지만 그렇다 하더라도 그 직업을 경험하지 않은 사람들은 알 수 없는 이야기이다.

그런데 재미있는 점이 있다. 대학교수와 관련된 책이 없다. 물론 대학교수가 쓴 책은 많다. 학술서적은 대부분 대학교수가 쓰고, 전문 교양서를 쓰는 대학교수도 많다. 대학교수가 자기 전공분야와 관련된 에세이를 쓰기도 한다. 그런데 대학교수라는 직업을 다룬 단행본 도서는 필자가 본 적이 없다.

사람들이 교수 생활에 관해 이미 알만큼 다 알아서 교수 생활을 다룬 책이 없는 게 아니다. 필자가 교수였을 때 가장 짜증 났던 말이 '이제 방학이 되었으니 할 거 없잖아.'였다. 사람들은 교수가 하는 일이 학생 교육인 줄 안다. 그러니 방학이 되면 교수의 업무가 없는 줄 안다. 한창 바빠죽겠는데 친구들은 '이제 방학이라 하는 일 없잖아. 이거나 좀 해줘.'라고 부탁을 한다. 순간적으로 욱하곤 했었다.

사실 필자도 교수가 되기 전에는 몰랐다. 교수는 학생들을 가르치는 사람인 줄 알았다. 그런데 막상 교수가 하는 일 중에서 학생들을 가르치는 일의 비중은 그리 크지 않다. 설사 시간으로 보았을 때 비중이 크다고 해도, 일의 중요도 측면에서 보면 학생을 가르치는 일은 우선순위가 높지 않다. 물론 겉으로는 학생들을 가르치는 일이 중요하다고 말은 한다. 하지만 실제 급한 일은 아니다. 더욱 급하게 처리해야 하는 일, 마감을 더욱 엄격히 지켜야 하는 일, 더욱 잘 해결해야 할 일이 많다.

사람들은 교수 생활을 잘 모른다. 그런데 '교수 생활이 어떻다.'라고 말하는 책도 없다. '다른 사람이 쓰지 않으면 내가 쓰면 어떨까?'라고 생각하기도 했지만, 교수인 동안에는 쓸 수 없었다. 잘못하면 논란이 될 수 있는 이야기도 나올 수 있는데, 그때 나 개인만이 아니라 몸담은 학교나 학계에 부정적인 영향을 끼칠 수 있었다. 특히 대학교에 큰 영향을 미치는 대학교육 정책에 관한 이야기를 하게 되면 필연적으로 교육부를 비판할 수밖에 없는데, 학교에 몸담고 있으면서 교육부를 비판하기는 곤란했다.

교수 생활 이야기는 교수를 그만두고 난 후에 쓰기로 계획했다. 그런데 필자는 2021년 8월에 교수를 그만두었다. 원래는 2034년으로 예상된 정년을 채울 거라 예상했는데, 이런저런 일이 발생하면서 2021년에 그만두게 되었다. 필자는 2000년에 박사과정에 들어갔고, 2006년에 박사학위를 받았다. 박사과정을 수료한 2002년부터 대학 강사 생활을 시작했고, 2005년에 강의전담교수가 되었다. 그리고 2007년에 교수가 되었고, 2021년에 그만둔 거였다. 모르는 사람은 강의전담교수도 교수로 알고 있지만, 사실 강의전담교수는 진짜 교수는 아니다. 2007년부터 교수가 된 거고, 2021년까지 14년간 교수 생활을 했다.

필자의 교수 이야기는 약 15년 교수 생활에 기반한다. 필자 개인에 관한 이야기만은 아니다. 박사 동기, 선후배들은 대부분 교수이다. 전국 각지의 교수들이고, 따라서 일 년에 몇 번씩 만나서 서로의 이야기를 하면 전국 각지의 대학 이야기, 교수 생활 이야기를 들을 수 있다.

그 이야기들을 써보려 한다. 실제 대학교수의 생활이 어떤지, 대학에서의 생활이 어떤지를 이야기해본다. 지금 대학이 직면하고 있는 고민이 무엇이고 그 원인이 무엇인지 등도 같이 이야기할 것이다.

필자의 이야기는 어디까지나 필자 개인과 주변 교수들의 경험일 뿐이다. 대학교수 전체의 생활을 대표할 수는 없을 것이다. 그러나 대학교수 생활의 몇몇 단편은 알려줄 수 있을 것이다. 최소한 대학교수가 학생을 가르치는 일만 하는 사람은 아니라는 것, 그리고 학교가 방학을 하면 하는 일 없이 노는 사람은 아니라는 것은 분명히 알려줄 수 있지 않을까 한다. 《교수의 속사정》이 모든 면에서 점점 여건이 나빠지는 교수라는 직업에 대한 안내서가 되기를 기대한다.

2023년 여름
지은이 최성락

차례

1장 교수라는 존재

2장 직장인으로서의 교수

7장   교수를 둘러싼 문제들

1장

교수라는 존재

어떤 교수가 좋은 교수일까?

───────

교수 중에서 어떤 교수가 좋은 교수일까? 이건 참 어려운 문제이다. 누가 보느냐에 따라 좋은 교수의 기준이 완전히 달라지기 때문이다. 물론 기업 내에서도 상사가 보느냐, 부하직원이 보느냐, 아니면 동료가 보느냐에 따라 좋은 직원의 기준이 달라지기는 한다. 그런데 교수는 이런 상급자, 하급자, 동료 이외에 또 다른 기준의 잣대들이 존재한다.

일단 학생이 볼 때는 강의 잘하는 교수, 학점 잘 주는 교수가 좋은 교수이다. 한 학기를 마쳤을 때 무언가 남는 지식을 주는 교수가 훌륭한 교수이고, 학생들과의 개인적인 관계가 좋은 교수를 훌륭한 교수로 볼 것이다. 학생들은 교수가 어떤 논문을 썼는지, 그 논문이 어떤 의미가 있는지 잘 모른다. 대학생 수준에서는 논문을 평가할 수 없다. 그냥 평소 친절하고 강의 잘하고 자신에게 관심을 두면 좋은 교수이다.

그런데 학계에서 보는 관점은 완전히 다르다. 학계에서는 좋은 논문을 많이 쓴 교수가 좋은 교수이다. 학계에서는 교수가 쓴 글만 본다. 교수가 말을 잘하는지 못하는지는 잘 모른다. 학회에서 발표를 잘하는 교수도 있지만, 그 논문 내용 자체가 좋지 않으면 아무리 발표를 유창하게 해도 소용없다. 특히 학계에서는 그 교수가 강의를 잘하는지 아닌지는 전혀 모른다. 학생들을 대상으로 어떻게 강의를 하는지, 성적은 어떻게 매기는지도 관심 없다. 그래서 교수가 학교에 임용될 때는 강의보다 논문이 중요하다. 교수 임용 과정에서 강의를 해보도록 하기는 한다. 하지만 강의를 굉장히 잘한다고 논문실적이 없는 사람을 뽑지는 않는다. 대신 강의는 못하더라도 논문실적이 많으면 교수가 된다. 강의를 잘하는 사람은 강의전담교수는 될 수 있다. 하지만 정식 교수는 될 수 없다.

교수가 된 다음도 마찬가지이다. 교수가 된 다음에 강의를 못 한다고 잘리는 경우는 없다. 강의평가 점수가 높으면 좋지만, 강의평가가 낮다고 해서 특별히 문제 되지도 않는다. 하지만 교수가 논문을 안 쓰면 잘린다. 교수는 잘리지 않는 종신 직장으로 알려져 있지만, 사실 정년보장 교수가 될 때까지는 계약직이다. 중간중간에 재임용이 있고 승진과정이 있다. 실제 재임용 조건을 충족시키는 게 어렵지 않기 때문에 도중에 탈락하지 않고 계속 재임용이 된다. 재임용 조건은 보통 논문 점수이다. 그런데 정말 어쩌다 이 재임용 논문 조건을 충족시키지 못하는 경우가 나온다. 이때는 어쩔 수 없이 재임용에서 탈락한다. 교수로 계속 재직하기 위한 조건은 논문실적이다. 강의가 아니다. 이처럼 학계에서 교수를 평가하는 기준은 어디까지나 논문, 그리고 학술서적이다. 이걸 잘하는 교수는 훌륭한 교수이고, 이게 없는 교수는 그냥 이름만 교수일 뿐이다.

학교라는 직장에서 보는 좋은 교수는 또 다르다. 학교는 교수를 뽑을 때 학계에서의 실적을 중시해서 뽑는다. 그런데 일단 교수가 학교에 들어온 다음에는 기준이 바뀐다. 학교에서는 학교 일을 열심히 잘하는 교수가 좋은 교수다.

교수 입장에서는 논문을 써야 좋다. 그런데 학교 입장에서는 어떨까? 학교를 운영하기 위해서는 많은 업무와 인력이 필요하다. 각종 서류를 만들어야 하고 계획서, 보고서도 만들어야 하고 학교 행정업무도 처리해야 한다.

교수들이 해주어야 하는 일들도 산더미처럼 많다. 모든 학과는 강의계획서, 운영계획서, 평가서 등을 만들어야 한다. 이런 건 직접 강의하고 학생들을 대하는 교수들이 해줘야 하는 일이다. 교직원들이 도와준다고 해도 한계가 있다. 또 학교에서 학과장, 부처장, 처장, 부처장, 학부장, 대학원장 등 보직은 교수들이 맡는다. 대학평가, 기관평가, 프로젝트 참여 등을 할 때도 교수들이 보고서를 만들고 집행을 해주어야 한다. 교수들이 행정업무를 담당해야 한다.

학계에서 좋은 교수가 되기 위해서는 좋은 논문을 많이 써야 한다고 했다. 좋은 논문을 많이 쓰기 위해서는 혼자만의 시간이 확보되어야 한다. 학교 행정 일을 많이 하면 안 된다. 하지만 학교 입장에서는 교수가 논문을 많이 쓰는 건 그냥 자기 좋은 일을 하는 것일 뿐이다. 학교에 별 도움이 안 된다. 물론 교수가 논문을 많이 쓰면 대학의 논문실적이 좋아진다. 대학평가에는 교수 논문실적이 포함되어 있어서 교수가 논문을 많이 쓰면 이 점수가 올라간다. 그러나 교수가 논문을 많이 써서 얻는 이점이라곤 딱 이 한 가지다. 그런데 대학평가에는 교수 논문 점수 항목 외에 수많은 다른 항목들도 있다. 교수들이 행정업무를 하지 않고 논문만 쓰면 학교가 위태로워진다.

학교는 교수들이 학교의 행정업무에 더 많은 시간을 투여하기를 바란다. 그런데 교수들은 여기에 잘 참여하지 않으려 한다. 처장이나 총장을 하려 하는 교수는 열심히 학교 일에 참여하지만 그런 생각이 별로 없는 교수들에게 행정업무는 봉사활동일 뿐이다. 학교일에 참여하지 않고 강의하고 논문만 써도 아무 문제 없는데, 구태여 행정업무에 힘을 쏟을 필요는 없지 않나? 그러니 학교는 행정 일에 적극적이고 잘 따라주고 도와주는 교수를 좋아한다. 그런 일은 하나도 하지 않으려 하고 강의, 논문 등만 신경 쓰는 교수는 실상 골치 아픈 존재이다. 논문을 많이 써서 학계에서 유명한 교수라 하여도, 학교에서는 인기가 없는 교수일 가능성이 크다.

이런 측면에서는 외부활동을 많이 해서 유명해진 교수가 좋은 교수라고 하기도 힘들다. 일반 사람들은 방송에 나오고 이름이 알려진 교수가 좋은 교수라고 생각할 수 있다. 대외적으로 유명하고 해당 분야에서 이름난 전문가로 활동하는 교수들이다. 비전문가의 눈에는 이런 사람들이 좋은 교수로 보일 수 있다. 하지만 학계와 학교 측 입장은 다르다. 학계 측에서 볼 때, 본인이 직접 논문을 쓰고 그 논문 내용을 외부에 소개해서 유명해지는 경우는 괜찮다. 그렇게 유명해지는 사람은 존경스러운 학자이다. 그런데 자기가 쓴 논문, 연구 내용이 아니라 다른 사람들이 쓴 연구 내용을 밖으로 잘 이야기해서 유명해지는 사람이 있다. 이 경우 학자들이 보기에는 좋은 교수가 아니라 다른 사람의 것을 외부에 전달 잘하는 강연자일 뿐이다. 또 학교의 시선에서는 교수가 밖에 나가 자신의 명성을 위해서만 노력하는 교수일 뿐이다. 어떤 교수가 외부 일을 많이 하면, 학교 교내의 일은 다른 교수들이 맡아서 하고 있다는 뜻이다. 학교 내부에서 좋게 보일 수만은 없다. 단 예외는 있다. 외부활동을 하는 교수가 워낙 유명해서 그 학교의 이름까지 덩달아 유명해지는 경우이다. 이런 사례는 학교에서 그 교수를 스타 교수로 인정하고 지원해줄 수도 있다. 그런데 교수가 그 정도까지 유명해지는 경우는 굉장히 드물다. 그런 건 상당히 예외적인 상황이다.

대학원생에게 좋은 교수는 또 다르다. 대학생들에게는 강의 잘하고 성적 잘 주는 교수가 좋은 교수다. 하지만 대학원생에게 좋은 교수는 강의 잘하는 교수가 아니다. 프로젝트를 많이 따오는 교수가 좋은 교수이다. 석사과정, 박사과정 학생들은 금전적인 지원이 필요하다. 프로젝트에 참여해서 돈을 받고, 그 돈으로 학비와 생활비를 충당할 수 있어야 한다. 그래야 원활하게 학위를 딸 수 있지, 그렇지 않고 밖으로 나가 생업에 뛰어들면 공부할 시간이 부족해서 제대로 학위를 받기 어렵다. 교수가 외부에서든 학교 내부에서든 프로젝트를 따오면 거기에 참여해서 급여를 충당할 수 있다. 만약 교수가 프로젝트를 하지 않고 자기 논문만 열심히 쓰면, 그 아래 석박사과정생은 생활비와 학비가 없어서 고생한다. 교수가 논문을 안 써도, 강의능력이 부족해 학생들에게 인기가 없어도, 학교 일을 안 해서 학교에서 왕따가 되어도, 프로젝트를 계속 따오면 석박사과정생에게는 훌륭한 지도교수인 셈이다.

좋은 교수냐 아니냐는 학부생, 대학원생, 학계, 학교, 외부 일반인, 전문 분야 등 기준을 어디로 두냐에 따라 완전히 다르다. 이 모두를 충족시키는 교수는 없고, 이 모든 측면에서 전부 부정적인 평가를 받는 교수도 없다. 교수를 제대로 평가하는 건 쉽지 않은 일이다.

대학의 주인은 누구인가?

필자가 대학교에 입학했을 때 전공 기초과목인 경제원론을 수강했다. 그때 교수가 수업 오리엔테이션 시간에 이리 말했다.

"학생들은 대학의 주인이 자기들인 줄 안다. 그러나 학생들은 대학에 들어왔다가 4년 지내고 나간다. 몇 년 있다가 나가는 사람이 어떻게 주인이 될 수 있나? 대학에서 나가지 않고 계속 지내는 사람들은 교수들이다. 교수가 대학의 주인이다."

필자도 당연히 학생이 학교의 주인이라고 생각했다. 그런데 교수가 학생은 학교의 주인이 될 수 없고 교수들이 학교의 주인이라고 말했다. 이 교수의 말에 공감할 수는 없었지만 그렇다고 반박할 수도 없었다. 이 학교 졸업생이라는 명칭은 평생 가지고 있겠지만, 몇 년 동안만 학교에 있다가 떠나는 사람들이 주인이 될 수는 없다는 교수의 말도 분명 일리가 있었다. 한편, 한 선배가 대학 직원과 다투는 일이 있었다. 교직원은 이 선배에게 건방지다는 식으로 말했고,

선배는 그 직원에게 이렇게 응대하고 나왔다.

> "우리는 돈을 내고 학교에 다니는 사람들이고, 당신 직원들은
> 돈을 받으며 다니는 사람들이다. 돈을 내고 다니는 사람이 우선
> 이다."

그때 필자는 선배의 말에 감명을 받았다. 그렇다. 돈을 내고 다니
는 사람이 있고 돈을 받으며 다니는 사람이 있다면 분명 돈을 내고
다니는 사람이 더 대접받아야 한다. 그런데 학교에서는 돈을 받으
며 다니는 사람들이 돈을 내고 다니는 사람들에게 큰소리를 친다.
학교에서는 돈을 내고 다니는 학생이 더 우선권이 있어야 하는 거
아닐까.

학교의 주인은 학생일까 교수일까? 우선권을 가져야 하는 사람
은 학생일까 아니면 교직원일까? 이 문제의 해답은 필자가 교수가
된 다음에 확실히 알게 되었다. 학교의 주인은 학생도 아니고 교수
도 아니다. 당연히 대학 직원들도 주인이 아니다. 대학의 주인은 재
단이다. 그리고 대학에서 가장 힘이 있는 존재는 재단 이사장이다.

재단 이사장은 보통 재단을 소유한 사람 본인이나 가족 중에서
맡는다. 소유자 본인, 가족이 아니라 외부 사람이 이사장인 사례도
있다. 이때는 설사 이사장이 따로 있다 하더라도 소유자 가족이 여
전히 가장 중요한 사람들이다. 재단의 소유자가 대학의 진정한 주
인이다.

공식적으로 대학에서 가장 높은 사람은 총장이다. 그러나 총장이

자기 마음대로 학교를 운영할 수 있는 건 아니다. 재단의 동의를 받아야 실제로 일을 추진할 수 있다. 무엇보다 재단은 학교의 돈을 관리한다. 재단의 허락과 동의 없이는 아무리 총장이라도 일을 해나가기 어렵다. 무엇보다 총장을 임명하는 주체가 재단이다. 그리고 총장은 임기가 있다. 보통 4년이다. 재단은 총장이 마음에 들면 계속 총장으로 있게 하고 마음에 들지 않으면 임기가 끝나면 바로 그만두게 할 수 있다. 총장은 재단의 심기를 거스를 수 없다.

교수 임용 여부를 최종적으로 결정하는 권한도 재단 이사장에게 있다. 학과에서 아무리 밀고 학교에서 이 사람을 교수로 뽑아야 한다고 지원을 해도, 재단에서 아니라고 하면 안 된다. 학과에서 반대하고 학교에서도 문제가 있다고 해도, 재단에서 밀면 교수가 된다.

생각해보면 당연한 일이다. 대학을 하나의 기업이라고 보면, 교수들은 회사의 직원들이다. 대학 총장은 회사의 사장이다. 그리고 재단은 회사의 대주주이다.

삼성에서 가장 힘이 있는 사람은 삼성전자의 사장인가 삼성전자의 대주주인 이재용인가? 이 질문의 정답은 누구나 다 알고 있다. 이재용이 실세이다. 삼성전자 사장이 누구인가는 삼성 직원, 해당 업계 사람들만 알고 있다. 보통 사람들은 잘 모른다. 일반인들은 그저 이재용만 알고 있다. 공식적으로 삼성전자의 대표자는 사장이고, 최고 의사결정자도 사장이다. 그러나 실제 실세는 대주주인 이재용이고, 이재용이 결정권을 가지고 있다. 대학도 마찬가지이다. 외부적, 형식적으로는 총장이 가장 높은 사람이다. 그러나 대학의 실세이자 최종적인 의사결정자는 대학 재단이다. 교수가 뭔가 특별한 권한이 있을 리 없다. 재단의 시각에서 보면 교수들도 피고용인이다.

대학에 교수로 채용되면, 교수만이 아니라 직원으로라도 취업을 하면, 대학의 실제 주인이 재단이라는 사실을 바로 안다. 일단 교수 최종 면접을 하고 채용 여부를 결정하는 것 자체가 재단이다. 그런데 이렇게 학교 내부에 들어가기 전에는 사람들은 대학에서 재단의 힘에 관해 잘 모른다. 필자도 그랬다. 필자도 학부생, 석박사과정을 거치면서 정말 오랜 학교 생활을 겪었다. 그런데도 이런 시스템을 몰랐다. 대학에서는 교수가 최고인 줄 알았다. 교수가 자기 마음대로 무언가를 결정할 수 있는, 의사결정권을 가진 줄 알았다. 평교수는 몰라도 학과장, 학부장, 처장, 총장 등 보직교수들이 학교를 운영하는 줄 알았다. 이들 모두가 재단에 고용된 월급쟁이라는 걸 몰랐다.

사실 재단이 지배권을 가지는 건 대학만이 아니다. 사립중학교, 사립고등학교 등도 모두 실제 의사결정권은 재단이 가지고 있다. 하지만 중학생, 고등학생일 때 선생님은 알아도 재단에 관해서는 전혀 알지 못한다. 대학생이 되어도 학과 교수, 대학 총장은 알아도 재단 이사장이 누군지는 관심도 없다. 학교를 다니는 자신과는 아무런 상관도 없는 존재로 알고, 그 사람이 내게 무슨 의미인지도 모른다. 하지만 재단은 학교의 주인이다. 학교는 재단이 누구이냐, 재단이 어떤 사람이고 무엇을 목적으로 하느냐에 따라 완전히 뒤바뀐다.

단, 예외는 있다. 국공립 학교라서 재단이 없는 경우이다. 국립

대학교, 시립대학교 등이 이런 사례에 해당한다. 이때 학교의 주인은 국가인데, 국가는 학교의 운영에 특별히 관심이 없다. 교육부가 공무원을 학교 사무국장 등 직원으로 발령내서 관리하는 정도이다. 그래서 국립대학교의 경우에는 사립대학교의 재단처럼 사사건건 간섭하는 존재가 없다. '국립대학교수가 사립대학교수보다 편하다'라는 소리는 그래서 나오는 말이다. 국립대학에서는 교수들의 합의만으로 의사결정이 이루어질 수 있다. 대신 무언가 예산을 쓰기 위해서는 국가의 허가를 받아야 하므로 돈 쓰는 건 더 어려울 수 있다.

필자가 나온 대학은 국립대학이었다. 재단이 없었고, 그래서 위에서 언급한 필자 학과의 교수는 교수가 대학의 주인이라고 생각했던 것 같다. 국가가 학교의 주인이지만, 최근과 달리 당시에는 국가가 학교 운영에 대놓고 간여하지는 않았을 것이다. 그러니 특별히 간섭하는 존재가 없는 국립대 교수 입장에서 교수가 학교의 주인이라고 보았을 것이다.

하지만 아니다. 대학의 주인은 재단이다. 학생은 몇 년 동안 다니다가 졸업하는 충성스러운 고객이고, 교수는 근로자이고 고용인이다. 대학에서는 어떤 재단이냐가 무엇보다 중요하다는 사실을 알아두자.

교수는 외로운 존재

2007년 정식으로 교수가 되었다. 교수가 되고서 학교에서 연구실을 받았다. 혼자 사용하는 개인 연구실이다. 다른 직업보다 교수가 좋다고 할 때 항상 거론되는 이야기 중 하나가 바로 이렇게 교수에게는 개인 연구실이 나온다는 점이다. 회사에서 개인 방이 나오는 건 최소한 이사는 되어야 한다. 공무원도 국장 이상이 되어야 개인 방을 기대할 수 있다. 그런데 교수는 모두 개인 연구실을 사용한다.

모든 교수가 다 개인 연구실을 사용하진 않는다. 정식 전임교수에게만 개인 연구실을 배정한다. 강의전담교수 등 비전임교수들은 2~3명이 같이 쓰는 게 원칙이다. 몇십 년 전에는 교수라고 해도 몇 명이 같이 쓰는 경우가 있었다고 들었다. 건물이 작고 방이 부족해서 몇 명이 같이 쓰는 경우도 있었다고 한다. 지금은 전국 어디든 교수는 다 개인 연구실이 나오는 듯하다.

교수 연구실을 배정받고 책상, 컴퓨터, 책장 등이 들어왔다. 연구실을 정비할 때까지는 괜찮았다. 그런데 모든 정비가 끝나고 혼자서 조금 지내고 나니 알게 됐다. 연구실을 혼자 쓴다는 것, 개인 연구실을 사용한다는 게 그리 간단한 일이 아니다. 항상 혼자 있어야 한다는 것, 즉 외로움에 익숙해져야 한다는 뜻이다. 교수는 기본적으로 외로운 존재이다.

아무도 없는 연구실에 혼자 있다. 아침에 출근하고 저녁에 퇴근할 때까지 연구실에 혼자 지낸다. 물론 종일 혼로 지내는 건 아니다. 강의할 때는 여러 학생을 만난다. 회의할 때는 다른 교수들과 만난다. 그러나 강의를 끝내고, 회의를 끝내면 다시 연구실로 들어온다. 그리고 다시 연구실을 나갈 때까지 혼자 남는다.

강의는 보통 일주일에 9시간에서 15시간 정도 할당된다. 많아야 하루 평균 3시간 수업을 한다는 이야기이다. 아침 9시부터 오후 6시까지, 학교에 9시간을 머문다면 하루 6시간은 혼자 방에 있다는 뜻이다. 회의가 있다고 해도 1~2시간이다. 교수에게 허락된 개인 시간이 절대적으로 많다는 말이다.

살아오면서 방에 혼자만 있는 경우가 얼마나 될까? 자기 집 자기 방에서는 혼자 있다고 하고, 그 이외의 장소에서 혼자만 있는 경우가 얼마나 될까. 거의 없다. 설사 혼자 일을 한다고 해도 공간 안에 혼자만 있는 상황은 거의 없다. 교수는 그동안 살아오면서 혼자 공부를 하고 혼자 논문을 쓰면서 살아왔다. 혼자 일하는 상황이 익숙하다. 하지만 '혼자 일한다는 것'과 '혼자 있다는 것'은 다르다. 박사과정 연구실에서는 혼자서 연구활동을 하더라도 연구실 동료들과 같은 곳에 머문다. 공부를 혼자서 하더라도 도서관, 대학원생 연구실 등에서 다른 사람들과 같이 있다. 그런데 교수 연구실에서는 온전히 혼자 지낸다.

　이렇게 혼자 있다 보면 가장 문제 되는 때가 식사 시간이다. 회사에서는 식사 시간이 되면 팀원들이 같이 식사하러 간다. 교수는 그렇게 같이 움직일 사람이 없다. 보통은 옆방에 있는 교수, 같은 과 교수와 같이 먹는다. 그런데 교수들의 시간표는 모두 다르다. 옆방 교수는 강의에 들어가 있고, 같은 과 교수는 회의에 들어가는 상황이 반복된다. 같은 과 교수라 해도 같이 밥을 먹을 수 있는지 아닌지 식사 시간이 되기 전까지는 잘 모른다. 그리고 교수는 '시간이 되어서 한사람이 일어나면 모두가 다 같이 따라 일어나는' 체제가 아니다. 식사 시간 때마다 지금 연구실에 있는 교수가 누구인지, 식사할 수 있는 사람이 누구인지 확인해야 한다. 시간이 맞지 않아 혼자 밥을 먹어야 하는 경우가 많다. 아니면 연구실에서 혼자 컵라면이나 삼각김밥을 먹는 경우도 많다. 교수들은 이런 일에 너무나 익숙하여, 홀로 간단히 식사하는 상황에 별다른 거부감이 없다. 하지만 다른 사람들이 보기에, 특히 학생들이 이걸 보면 참 처량하게 여긴다.

　혹자는 이렇게 연구실에서 혼자 지낼 수 있는 것을 좋게만 생각할 것이다. 물론 장점도 있다. 다른 사람 눈치를 보지 않고 자기가 하고자 하는 일을 할 수 있다는 점에서 좋다. 그런데 분명히 단점도 있다. 여러분이 혼자서 방에 있으면 무얼 할까? 방해하는 사람이 없고, 오로지 혼자 있다고 하면 무얼 할까? 현대 사회에서 사람들이 혼자만 있을 때 하는 일은 대부분 정해져 있다. 게임, 인터넷 서핑, 웹툰이나 웹소설 보기, 유튜브 보기 등이다. 교수들은 어떨까? 교수들에게 혼자만의 연구실을 제공하는 이유는 '연구를 하라'는 의미이다. 연구는 기본적으로 혼자 하는 것이고 논문, 책을 쓰는 일도 혼자 있을 때 할 수 있는 일이다. 그래서 이런 연구를 잘하라고 개인 연구실을 준다. 그런데 정말로 교수들이 혼자 있는 시간을 연구만 하면서 보낼까? 그럴 리가 없다. 연구활동을 열심히 하는 교수는 그리 많지 않다. 처음에는 연구활동이 업적에 중요하기 때문에 열심히 하더라도, 시간이 지나고 승진하면서 직책을 맡으면 연구활동 시간은 급격히 줄어든다.

그리고 이 교수가 연구활동에 어느 정도 시간을 투여하느냐는 그 교수의 연구 실적을 보면 금방 알 수 있다. 1년에 발표, 게재되는 논문 수, 최근 발표되는 저서 수, 수행하는 프로젝트 수 등을 보면 객관적인 수치가 금방 나온다. 열심히 하는 교수도 물론 많다. 하지만 연구 실적이 거의 없는 교수는 더 많다. 학교에서 보직을 맡으면 시간 부족으로 연구 실적이 없을 수 있다. 하지만 보직도 없으면서 연구 실적도 없을 때, 그 교수가 그 많은 시간 동안 무얼 하는지는 아무도 알 수 없다.

결국 교수도 보통 사람들과 마찬가지다. 인터넷 서핑 등으로 많은 시간을 보낸다. 집에서는 가족 때문에 보기 힘든 콘텐츠도 자기 연구실에서는 볼 수 있다. 회사라면 옆에 있는 사람들이 눈치 보여 볼 수 없는 콘텐츠도 혼자 있는 연구실에서는 마음대로 볼 수 있다. 바쁜 교수라면 혼자 있을 때 딴짓을 하지 않을 거라고 보아도 된다. 그런데 바쁘지 않은 교수, 연구실적도 없고 학교 보직도 없으면서 학교에 오래 있는 교수는 뭘 하고 있는지 의심스러운 눈빛으로 보아도 된다. 절대적으로 많은 시간을 혼자서 보낸다는 건, 자기계발을 잘할 수도 있지만 망가지기도 쉬운 환경이다.

연구실에서 혼자서만 있기가 힘든 경우 대학원생 조교를 자기 방에 두기도 한다. 조교와 같이 지내는 경우 나름의 장단점이 있다. 연구실에 혼자 있다 보면 사소한 잡일들을 혼자 처리해야 한다. 일이 있을 때마다 조교를 부를 수도 있는데, 사소한 일로 계속 부르기도 민망하다. 조교가 연구실 내에 있으면 간단한 일들은 모두 맡길 수 있다. 단점은 아무래도 다른 사람과 같이 있다 보니 연구실 내에서 마음대로 행동할 수는 없다는 점이다. 교수가 눈치를 보지 않아도 되는 조교라 해도, 그래도 사람인 이상 다른 사람 앞에서 행동하는 것과 혼자서 행동하는 것은 다를 수밖에 없다. 그런데 자기 연구실에 조교를 둔다는 건 대학원이 활성화되어서 교수 개인 조교를 둘 수 있는 상황에서나 가능한 일이다. 대학원생이 거의 없는 대학에서는 개인 조교를 자기 방에 둘 수도 없다.

어쨌든 분명한 건, 교수는 혼자 있는 것에 익숙한 개인적인 존재라는 점이다. 학생일 때부터 혼자서 공부하는 것에 익숙한 존재이지만, 교수가 되어서는 더더욱 혼자 있는 시간이 늘어나는 존재이다. 타인과 어울리지 않고 혼자만 지내게 될 때 성격이 망가지는 사람들이 있다. 교수 중에서 성격이 이상한 사람이 많다는 이야기를 줄곧 듣는데, 그건 교수가 이렇게 혼자 있는 시간이 많다 보니 발생하는 현상이다. 일종의 직업병이라고 할 수도 있을 것이다.

교수가 망가지는 이유

———

교수는 기본적으로 혼자 있는 시간이 많다. 그래서 혼자 있는 것을 잘 관리하지 못하는 사람은 보통 사람들이 보기에 성격이나 하는 짓이 좀 이상한 경우가 생긴다. 이른바 '망가지는' 경우도 많다. 그런데 필자가 보기에 교수가 이상하게 되는 이유는 다른 사람들에게 비판, 큰소리, 욕을 듣는 경우가 거의 없기 때문이다. 자기를 비판적으로 평가하는 사람이 없고 모두가 본인을 '교수님, 교수님' 부르니 자신이 잘난 줄 안다. 자기가 똑똑하다고 생각하는 것, 자기를 비판하는 사람이 없는 것, 이런 환경이 사람을 이상하게 바꾼다. 그런데 교수가 바로 이런 환경에서 산다. 교수들의 특성과 관련하여 어떤 변호사가 이렇게 말하였다.

"나는 교수가 맡기는 사건은 담당하지 않으려 한다. 사람들 사이에 분쟁이 발생하거나 형사사건이 발생해서 교수가 찾아오는데, 사건을 해결하려면 상대방과 협상하고 협의하려는 과정이 필요하다. 그런데 교수들은 그게 쉽지 않다. 상대방과 분쟁이 일어났을 때 그 과정에서 상대방은 교수에게 욕을 하고 비난을 했다. 교수들은 자기가 받은 그 모욕을 참지 못하고 또 잊지 못한다. 상대방이 준 모욕을 참지 못하고 이에 반드시 보복하려 한다. 그러니 그 사이에서 변호사로서 문제를 풀어가기가 쉽지 않다. 그래서 교수가 맡기는 사건은 맡지 않으려 한다."

필자 본인도 교수이기는 했지만, 이 말에 공감했다. 다른 건 몰라도 교수가 자기가 받은 모욕을 참지 못하고 잊지 못한다는 말은 충분히 인정할 수 있다. 교수들 사이에서 서로 원수지간이 많은 것은 바로 그 때문이다.

교수들 사회에서 상대방을 대하는 방식과 일반 시민들 사이에서 상대방을 대하는 방식은 다르다. 필자가 이걸 확실하게 알게 된 시기는 시민단체 등이 참석하는 워크숍에 발표자 겸 토론자로 참석했을 때이다. 교수들은 학회, 세미나 등에 계속 참석한다. 사회자와 발표자, 토론자가 있고, 이 발표장에 들어오는 참석자들도 있다. 모두 교수, 연구원, 박사들이다. 가끔 박사과정, 석사과정 대학원생들도 들어온다. 이들끼리 모여 발표하고 토론한다. 그런데 이 과정에서 절대로 큰소리는 나지 않는다. 상대방을 비난하는 이야기도 나오지 않는다. 모두가 다 정중한 말투로, 조용조용하게 이야기한다. 상대방을 향한 예의를 지킨다. 발표자의 발표 내용에 문제가 없어서 그런 건 아니다. 필자가 토론자로서 참석할 때 발표자의 발표 원고를 보면 화가 나는 경우도 있다. 이 토론 하나를 하기 위해서 서울에서 먼 지방까지 왔는데, 발표논문이 차마 논문이라고 할 수 없는 수준이라면 짜증이 난다. 그러나 그렇더라도 토론자는 발표자에 관해 "이게 논문이냐. 이걸 가지고 어떻게 발표할 생각을 하나? 이런 기본적인 것도 모르고 어떻게 박사라고 하고 다니냐. 가서 공부 더하고 와라." 등으로 이야기하지 않는다. "이 논문은 훌륭한 의미가 있는 것 같습니다. 그런데 이러이러한 점이 좀 한계인 것 같습니다. 이런 한계점을 보완하고 수정하면 좀 더 나은 논문이 될 것 같습니다."와 같은 방식으로 이야기한다. 절대 상대방을 비난하지 않고 큰 소리도 나지 않는다. 누가 봐도 학회 발표장은 화기애애하다.

그런데 시민들이 참석하는 세미나, 공청회 등은 분위기가 다르다. 연구자가 아닌 시민운동가, 시민단체에서 토론을 할 때는 직설적으로 발표자를 비판하는 말도 나온다. '이런 것도 모르고.'라는 식의 말도 많이 나온다. '누구한테 돈 받고 이런 걸 연구하나.'라는 식의 비판도 한다. 청중들도 마찬가지이다. 자기와 의견이 다른 발표자에게 소리를 지르고 욕을 한다. 아예 그 자리에서 시위도 한다. 심하면 발표 단상 위에 뛰어 올라오기도 한다.

이런 자리를 처음 경험하는 교수들은 정말 충격을 받는다. 대학원에서부터 평생 발표하고 학회 등에서 다른 사람들과 회의, 토론을 해왔지만 이런 분위기는 처음이다. 발표자, 토론자를 향한 인신공격은 교수, 학자들 사이에서 거의 일어나지 않는 일이다. 이렇게 교수들 사회에서는 서로 비난하고 욕하지 않는다. 속뜻은 비난이라 하더라도 말하지 않거나 점잖게 돌려서 말한다. 교수들 말고 교수들이 평소에 대하는 사람들은 학생, 교직원들이다. 학생들은 교수에게 항상 '네, 네'라고 반응한다. 뒤에서 욕할 수는 있어도, 앞에서 목소리 높이는 일은 드물다. 중고등학교에서는 학생들이 선생을 때리는 일도 생기지만, 대학에서 학생이 교수를 때렸다는 말은 듣지 못했다. 학교 직원들도 교수들에게는 '교수님, 교수님' 부른다. 신임 교수가 직원들에게 얕보이는 때 외에는 직원들이 교수에게 큰소리를 내지 않는다. 또 교수가 학교 밖으로 나가더라도 마찬가지다. 직장인의 세계에서는 다니는 회사의 규모, 직장인 본인의 직급에 따라서 알게 모르게 서로를 무시할 수도 있다. 그런데 교수 명함은 그런 차별의 맥락과는 늘 떨어져 있다. 어디를 가든, 누구를 만나든, '교수님' 소리를 듣는다.

즉 교수는 누구에게도 나쁜 말을 듣지 않는다. 다른 분야는 외부라면 몰라도 최소한 조직 내부에서는 비판받고 큰소리를 듣는다. 하지만 교수는 교수사회 내부에서조차 큰소리로 비판을 받지 않는다. 그러면서 교수가 무슨 말을 하면 절대적으로 받아들이는 사람들은 많다. 학생들, 특히 대학원생들은 교수가 무슨 말을 하면 바로 움직인다. 교수가 대학원생, 조교를 의도적으로 부려먹으려고 그러는 게 아니다. 그런데 뭔 말을 하면 아무런 불만 없이 바로바로 움직인다. 교수는 공식적으로는 아무런 권력이 없으나 자기를 비판하는 사람은 없고 자신의 말에 주위 사람들이 곧바로 움직인다. 공식적인 권력은 없지만, 실질적으로는 교수의 심리 상태가 권력자의 심리 상태와 별반 다르지 않게 된다는 뜻이다. 자기 맘대로 해도 된다는 심리가 만들어진다. 그리하여 교수는 망가지기 시작한다.

물론 교수가 된 이후부터만 비판을 듣지 않고 칭찬만 듣게 된 건 아니다. 지금 교수들은 거의 대다수가 어린 시절부터 공부를 굉장히 잘한 사람들이다. 대학에서도 우수한 학생이었고, 대학원에서도 훌륭한 학생들이었다. 그렇게 칭찬만 받은 사람들이 교수까지 된다. 그러니 평생 다른 사람들한테 욕은 듣지 않았다. 가족이나 친한 친구는 몰라도 다른 사람들한테 심한 대접을 받은 적이 없다.

그런 상태에서 다른 사람에게 모욕받는다면? 보통 사람들은 그저 재수가 없다고 넘어갈 모욕이 교수에게는 평생에 한두 번 있을 만한 모욕이다. 상대방이 그냥 사과한다고 해서 끝날 일이 아니다. 상대방은 평생의 원수가 된다.

교수사회에서도 마찬가지다. 학회에서 상당히 심하게 비판하면 상대방은 그 토론자를 잊지 않는다. 다른 학회에서 심하게 비판한 토론자가 발표자가 되고, 비판받았던 발표자가 토론자로 만나게 되면 그대로 복수를 한다. 발표논문은 원래 허점이 많다. 비난하려고 하면 얼마든지 비난거리가 있다. 이렇게 주고받으면 그 둘은 평생 서로 원수지간이 된다. 학교 내에서도 마찬가지이다. 어쩌다 도가 지나치게 상대방을 비판하면 둘의 관계는 끝난다. 같은 학과 교수들인데 서로 패거리가 만들어지고 서로 싸우는 관계가 되는 건 너무 흔한 이야기이다.

다른 사람에게 비난받지 않는 상황. 자기관리가 제대로 되지 않는다면 이런 조건은 괴팍해지기 딱 좋다. 교수들은 그런 환경에서 살고 있고, 그래서 성격이 기이한 교수들이 많다.

위선자로서의 교수 생활

필자는 길거리 떡볶이, 어묵, 순대를 굉장히 좋아했다. 이전에는 포장마차, 지금은 푸드트럭이나 키오스크 등으로 판매하는 길거리 음식을 좋아했다. 굉장히 자주 사 먹었다. 과거형을 쓰는 건 최근 몇 년 전부터는 이런 음식들을 잘 안 먹게 되었기 때문이다. 나이가 들어선 지 길거리 음식을 먹다 보면 속이 편하지 않은 경우가 많다. 요즘은 자주 먹지 않는다.

만화가게(최근에는 만화카페라 한다)도 좋아했다. 어려서부터 만화를 좋아했다. 만화책을 모두 살 수는 없으니 자주 만화가게에 갔고, 거기서 먹는 라면 맛은 일품이었다. PC방도 가끔 갔다. '리니지'라는 게임을 했다. 보통은 집에서 했지만 가끔은 외부 일정을 위해 나섰다가 시간이 나면 PC방에 가서 게임을 하곤 했다. 또 복권도 매주 산다. 로또는 매주 사고, '스피또'처럼 긁는 복권은 가끔 산다. 길거리를 걷다가 복권 파는 가게를 만나면 들어가서 사곤 한다.

그리고 멍하니 걷는 것도 자주 한다. 좋은 말로는 산책, 정확히 말하면 어슬렁거리며 걷는다. 책을 오래 읽거나 글을 쓰다 보면 머리가 힘들어진다. 머리를 쉬게 해줘야 하는데 그냥 가만히 있다고 머리가 쉬어지지는 않는다. 이럴 때는 걷는 게 최고다. 목적지 없이 걷는다. 건강을 위해서 걷는다면 보폭을 크게, 빨리 걷는 게 좋지만 그런 것도 아니기에 빨리 걸을 필요는 없다. 머릿속에서 상념을 하면서 그냥 천천히 바닥을 보며 걷거나 하늘을 보며 걷는다. 하늘을 보며 걷지만, 주위에서 보면 그냥 할 일 없는 아저씨가 길에서 어슬렁거리는 모습이다.

길에서 자주 스마트폰을 보며 걷는다. 이때 웹툰이나 웹소설을 보거나 게임을 한다. 그런 걸 하다 보니 몰입을 해서 걷곤 한다. 이런 것들이 내가 좋아하는 것들이다. 아주 오래전부터 매일매일, 아니면 매주 하는 것들이다. 그런데 이렇게 좋아하는 것들, 나의 생활이라 할 수 있는 것들을 하지 못하는 곳이 있다. 바로 학교 주변이다.

학교 주변에는 상가들이 많다. 필자가 있었던 대학교 앞길에는 나름대로 먹자골목이 형성되어 있고 가까이 전통 시장도 있었다. 대학가 앞이다 보니 PC방도 있고 만화카페도 있다. 최근 크게 성장한 떡볶이집 프랜차이즈도 있고, 옛날부터 운영한 골목길 허름한 분식집도 있다. 그런데 그런 곳을 가지 못한다. 이유는 분명하다. 교수 신분으로 그런 곳을 가기가 좀 그렇다. 교수이기 때문에 그런 곳에 가지 못한다는 건 아니다. 집 근처나 다른 장소에서는 아무 거리낌 없이 그런 곳에 간다. 하지만 학교 근처에는 학생들이 있다. 내가 가르치는 학생들, 나를 알아보는 학생들이 주변에 있다. 그 학생들 앞에서 그런 행동 하기가 쉽지 않은 것이다.

길거리에서 떡볶이를 먹는 모습이 인간적이지 않을까? 교수로서 권위를 내세우지 않고 잘난 척하지 않고 그냥 자연스러운 모습을 보여주는 게 더 좋지 않을까? 그러다 학생들하고 같이 먹을 수도 있고, 그런 곳에서 같이 먹다 보면 교수와 학생 사이가 더 돈독해지는 거 아닐까?

물론 그렇긴 하다. 원래 길거리에서 떡볶이를 안 먹는 사람이라면 모를까, 다른 데서는 잘 먹는데 학생들 앞에서만 먹지 않으려 하는 건 얼마나 웃긴 일인가? 다른 데서는 만화카페를 들어가서 몇 시간이고 만화를 보는 사람이 학교 앞에서는 들어가지도 않으려 하는 건 위선적이라고 생각한다. 그러나 그렇더라도 학교 앞 PC방에서 게임을 하거나, 학교 앞 길거리에서 웹툰을 볼 수는 없다. 그러면 학생들에게서 반드시 말이 나온다. 악의를 품은 학생은 많지 않다. 교수가 웹툰을 본다고, 만화카페에서 만화를 본다고, 웃으며 재미로 말하는 학생들이 대부분이긴 하다. 하지만 거의 '반드시'라고 해도 좋을 정도로 악의로 말하는 학생들이 한두 명은 있다. 특히 교수와 수업시간 관련해서 뭔가 자기에게 기분 나쁜 일이나 부정적인 일이 있었다면, 이는 교수를 공격하는 좋은 빌미가 된다.

교수가 5분 늦는 지각하는 일은 보통 학생들에겐 그냥 있을 수 있는 일이다. 그런데 평소에 그 교수가 길거리에서 웹툰을 읽고 있는 모습을 본 학생들에겐 그냥 있을 수 있는 일이 아니다. "길거리에서 웹툰이나 보니까 늦는 거다. 만화책이나 보니까 실력이 없는 거고, 게임이나 하니까 시험문제를 그따위로 내는 거다."라는 말이 나온다. 학생들에게 존경받고 칭송받는 교수는 되지 않더라도, 최소한 학생들에게 비판은 받지 않는 교수는 되어야 한다. 그런데 교수의 사생활이 노출되면 학생들에게 존경받기보다는 비판받기가 더 쉬워진다.

교수는 성직자가 아니다. 교수는 일상생활을 바르게 하도록 교육받은 사람도 아니다. 다른 사람들의 모범이 되어야 할 이유가 있는 사람도 아니다. 단지 공부를 하고 학위를 받고 논문을 써온 사람들일 뿐이다. 일상생활은 보통 사람들하고 똑같다. 그리고 보통 사람 중에서도 좋은 사람, 나쁜 사람이 있듯이, 교수도 좋은 사람, 나쁜 사람이 있다. 보통 사람들이 일하기 싫어하고 늦잠을 좋아하듯, 교수도 일하기 싫어하고 늦잠을 좋아한다. 교수한테는 학문적 업적만을 요구해야 한다. 그런데 이 사회는 교수에게 스승의 자격을 요구한다.

교수가 일상생활에서 학생들에게 모범이 될 만한 게 있나? 성직자는 신도들에게 어떤 모습으로 보일지를 의식하고 신도들에게 모범이 되는 생활 태도를 요구받는다. 초등학교, 중고등학교 교사는 교대 혹은 사범대를 다니면서 학생을 가르치는 선생으로서의 의식을 가지고 학생들에게 모범을 보이라고 배운다. 그런데 교수는 그렇지 않다. 대학생들보다 대학원생들이 교수에게 더 비판적인 점도 그런 이유이다. 대학생들은 수업시간 말고는 교수를 대할 일이 별로 없다. 교수의 일상생활, 사생활이 어떤지 모른다. 하지만 대학원생들은, 특히 교수와 같은 방에 있는 조교, 연구실에 있는 대학원생들은 교수의 일반 사생활을 알게 된다. 항상 자제하고 스스로 다스리는 성직자의 일반 사생활을 알면 성직자를 존경할 수 있다. 하지만 보통 사람들의 사생활을 알 때 그 사람을 존경할 수 없다고 본다. 친해질 수는 있어도 존경하기는 힘들다. 그리고 학생들에게 교수는 친해질 수 있는 존재가 아니다. 존경할 수 없고 친해질 수도 없다면, 최종에는 비판할 거리만 남는다.

하지만 교수도 사람인 이상 다른 사람들에게 비판받는 것은 좋아하지 않는다. 정말로 나쁜 일이라면 스스로 반성하고 다시는 하지 않으리라 다짐한다. 그러나 길거리에서 음식을 먹는 것, 만화카페를 가고 웹툰을 보고 게임을 하는 게 나쁜 일이라고 말할 수는 없지 않나?

결국 교수는 학생들 앞에서 행동을 자제할 수밖에 없다. 자기의 생각과는 별개로 학생들 앞에서는 모범적인 모습, 정확히 말하면 비판받을 수 있는 모습은 보여주지 않으려고 행동을 자제한다. 다른 곳에서는 쉽게 하는 행동을 학생들 앞에서는 하지 않으려 한다.

장소에 따라 행동이 다른 것, 여기에서 하는 행동과 저기에서 하는 행동이 다른 것. 그냥 다른 게 아니라 여기에서는 그냥 행동하고 다른 데서는 모범이 되게 행동하는 것. 그게 바로 위선이다. 겉과 속이 다른 것이고, 착한 사람이 아닌데 착한 척하는 것이다. 교수는 학생 앞에서의 행동과 학생이 없을 때의 행동이 다르다. 위선자이다. 만약 학생 앞에서의 행동과 없을 때의 행동이 같다면? 그건 보통 학생들에게 욕을 먹는 나쁜 교수이다. 위선자가 될 것이냐 나쁜 교수가 될 것이냐? 교수에게 있어서 선택지는 이 둘 중 하나다.

교수의 방학

"요즘 방학이지? 한가하겠네."

친구들하고 안부 전화할 때 많이 들었던 말이다. 통화하면서 서로 안부를 물을 때, 내가 방학이라고 하면 보통 이런 식으로 얘기한다.

"방학이라서 할 일 없겠네."
"놀고 있겠네."
"한가하지. 그럼 이거 좀 해줘라."

필자는 이런 말을 들으면 짜증이 팍 났다. 보통 때는 짜증 내는 일이 거의 없는데, 이런 말을 들으면 짜증이 났다. 한창 바빠죽겠는데 주위 사람들에게 '한가하지?'라는 말을 들으면 짜증이 날 수밖에 없다.

대학교는 여름방학, 겨울방학이 있다. 사람들은 방학이 쉬는 시간이라고 생각한다. 본인이 대학생일 때 여름방학, 겨울방학은 그냥 쉬는 시간이었으니 방학을 쉬는 시간으로 생각하는 건 이해가 간다. 그러나 방학은 학생의 것이지, 교수의 것이 아니다. 방학 때는 수업이 없으니 교수도 수업이 없다. 그러니 교수도 일이 없다고 생각한다. 그런데 이건 교수가 주로 하는 일이 수업일 때만 맞는 말이다. 수업은 교수가 하는 여러 가지 일 중에서 하나일 뿐, 교수의 주업무가 아니다. 방학은 '교수에게 수업이 없는 기간'이지, '일이 없는 기간'이 아니다.

일단 학생들이 생각하는 방학과 교수들이 생각하는 방학의 시차를 먼저 이야기하자. 대학은 6월 중순, 12월 중순에 기말시험을 치른다. 이렇게 학기말 시험을 치르면 학기가 끝나고 방학이 시작된다. 그런데 교수들은 시험을 친다고 해서 학기가 끝나는 게 아니다. 시험 채점을 하고 성적을 내야 한다. 답안지와 리포트를 다 읽어야 하고, 평가하고, 출석 점수 등을 반영해서 성적을 내고, 그걸 전산 시스템에 입력해야 한다.

6월 말, 12월 말에 이런 성적 산출 작업이 다 끝난다. 성적 산출이 끝났다고 학기가 끝나는 건 아니다. 성적이 공개되면 학생들의 성적 문의와 질문이 쏟아진다. 성적 확정 기간까지는 계속 신경을 쓰면서 학생들의 문의가 있을 때마다 확인하고 답변해야 한다. 성적이 확정되는 건 7월 초, 다음 해 1월 초이다. 이때가 진정한 '교수의 방학'이다.

수업을 재개하는 시기는 3월, 9월 또는 8월 마지막 주이다. 학생들은 이때부터 학교에 나온다. 하지만 교수들도 이때 학교에 처음 나와서 강의 업무에 시작하는 게 아니다. 보통 개학 한 달 전에 전체 강의 일정을 조율하는 시간표 작업을 수행한다. 그리고 개학 2주 전에 강의계획서를 작성해서 올린다. 학생들의 수강 신청이 시작되면, 수강 신청 결과에 따라 폐강, 분반, 시간표 조정 등을 시작한다. 그래서 교수들은 실질적으로 개강 1주일 전에서 10일 전에 개학한다.

 학생들은 6월 중순부터 8월 말까지, 12월 중순에서 2월 말까지 방학이다. 그런데 교수는 7월 초부터 8월 중순까지, 1월 초부터 2월 중순까지가 방학이다. 일반인들이나 학생들이 생각하는 방학보다 40일 정도 짧다. 그리고 여름방학과 겨울방학이 다르다. 여름방학은 학교 업무가 별로 없다. 계절 수업, 특강 정도가 여름방학 동안 학교에서 진행되는 공식적인 업무이다. 그런데 겨울방학은 다르다. 이때는 신입생이 들어오고, 졸업생이 배출되는 시기이다. 수천 명의 학생이 수시, 정시 등으로 입학한다. 정시도 1차로 끝나는 게 아니라 여러 번 이어지고, 다른 학교에 입학한 학생의 입학 취소, 대기학생 보충 등 끝없이 작업이 이어진다. 새로 학과에 배정하고 오리엔테이션, 입학식 등의 작업도 계속 이어진다. 또 졸업생 수천 명의 학교 학적을 정리해야 한다. 취업 상태 확인, 취업 독려, 졸업식 준비 등도 이루어지는 시기이다. 이렇게 수천 명의 입학과 졸업이 진행되는 시기이기 때문에 겨울방학은 대학에서 가장 바쁜 시점이다. 방학이라고 해서 '일이 없겠네'라고 생각하는 건 어디까지나 학생의 시각이다. 학교는 겨울방학 기간이 가장 바쁘다.

 보직이 없는 교수는 이런 업무에서 많이 비껴있다. 그래서 방학이 순수한 방학일 수 있다. 하지만 방학이라고 해서 정말로 일이 없다면 그건 제대로 된 교수로 보기 힘들다. 교수는 크게 두 가지 부류로 분류된다. 방학이 되었을 때 한가한 교수, 즉 방학이 정말로 방학인 교수와 방학이 되어도 계속 바쁜 교수, 즉 방학이 방학이 아닌 교수이다.

교수는 저술 작업을 해야 한다. 논문이든 프로젝트든, 책을 쓰든 보고서를 쓰든 어쨌든 뭔가를 쓰는 작업을 한다. 그런데 학기 중에는 아무래도 이런 저술 작업을 하기 어렵다. 강의를 하고 학생들과 부대끼다 보면 무언가를 쓸만한 에너지를 축적하기 힘들다. 물론 마감이 걸린 일은 학기 중이라 하더라도 한다. 하지만 마감이 급하지 않은 일은 보통 방학 때로 넘긴다.교수에게 방학은 학기 중에 밀린 일을 해야 하는 시기이다. 논문, 프로젝트, 보고서가 겹치면 학기보다 훨씬 더 바쁘다. 강의는 그냥 하면 된다. 강의는 '언제까지 어떻게 해야 한다'는 게 없다. 정해진 시간에 맞춰 진행하면 될 일이다. 하지만 논문은 학회지 심사를 통과해서 학술지 등에 게재되어야 한다. 프로젝트, 보고서는 발주처에서 만족할 내용이 들어가면서 일정 분량 이상의 책으로 나와주어야 한다. 무언가 구체적인 결과가 나와야 한다는 뜻이다. 강의보다 훨씬 부담된다. 그리고 이런 업무는 다음 학기가 시작되기 전에 마무리해야 한다.

또 하나, 학기 중에는 외부 일정이 있더라도 '강의가 있어서'라는 말로 다 면책이 된다. 강의 때문에 참석하지 못한다고 하면 모두 양해한다. 일정을 쉽게 거절할 수 있다. 그런데 방학 중에는 그렇게 핑계 댈 거리가 없다. 참석해야 하는 외부 일정은 모두 참석해야 한다.

그런 일들에 휘둘리다 보면 오히려 학기 중이 더 편하다는 말이 나오기도 했다.

필자는 방학 때가 학기 중보다 더 바쁘면 바빴지, 편하지 않았다. 일이 더 많고 마감에 쫓기고 있는데, 친구들이 '방학이니 할 거 없겠네. 놀자.'라고 말을 하니 짜증이 팍 나게 된다. 친구들, 가족들은 방학이 되었는데도 바쁜 척하는 필자를 잘 이해하지 못한다. 방학인데도 시간을 잘 내지 못하는 본인 생활에 관해 변명 아닌 변명을 해야 하는 처지가 되어 있었다.

필자 주위의 많은 교수도 방학 때 바빴다. 최소한 방학이라 해서 시간이 남는 건 아니었다. 물론 모든 교수가 방학 때 바쁜 것은 아니다. 방학이 되면 정말 특별히 할 일 없이 그냥 방학 생활을 즐기는 교수들도 있다. 강의만 하는 교수에게 방학은 그냥 방학이다. 하지만 강의 외에 다른 일을 하는 교수들에게 방학은 학생들을 대상으로 하는 수업만 없어진 상태일 뿐이다. 강의 이외의 다른 일을 더 많이 해야 하는 시간이다. 교수에게 방학은 쉬는 시간, 재충전의 시간이 아니다.

2장

직장인으로서의 교수

교수의 교사화

한국에서 학교는 초등학교, 중학교, 고등학교, 대학교, 대학원이 있다. 초 중등학교에서 학생을 가르치는 사람을 보통 교사라고 칭한다. 그런데 대학에서 학생을 가르치는 사람은 교수라고 명한다. 교사와 교수는 무슨 차이가 있는 걸까?

첫째, 원칙적으로 교사와 교수의 가장 큰 차이는 학습자 생활지도 여부이다. 미성년자 학생은 의사결정 능력이 없다고 간주한다. 중고등학생들은 자기 스스로 의사결정을 한다고 생각하지만, 법적으로는 반드시 보호자의 동의가 필요하다. 초중고교 학생들은 대체로 미성년자이기에 학교 교사들은 이 학생들을 바른길로 이끌 의무를 진다. 교사는 그냥 수업을 가르치는 사람이 아니다. 생활지도도 한다. 학원에서는 교과 지식만 지도해도 된다. 하지만 학교는 아니다. 학교는 수업 외적인 일도 책임을 진다. 학교 교사는 수업만 담당하는 사람이 아니다.

나이 스물이 넘은 대학생은 성인이다. 미성년자 학생에게 훈수를 둘 수는 있어도 성인에게 사생활에 지나치게 조언하는 건 주제넘은 짓이다. 그래서 대학에서는 그저 지식만 가르치는 게 원칙이다. 중등학교 교사는 학생들을 데려다 혼낼 수 있지만, 대학교수는 그럴 수 없다. 교수는 학업에만 관여해야 한다. 그 외 생활적인 측면을 지도하려고 나서면 곤란하다.

둘째, 교사와 교수가 가르치는 내용에 차이가 있다. 이는 '초 · 중등학교는 기초를 배우고 대학에서는 전공지식을 배운다.'라는 소리가 아니다. 중등학교는 수업시간에 가르칠 내용을 교육부와 학교에서 결정한다. 교사는 미리 결정된 사항을 가르쳐야 한다. 기존 결정 사항이나 교육과정을 준수하며 수업 진도를 준비한다. 그래서 초 · 중등학교에서는 수업 내용과 관련해서는 학교별 차이가 크지 않다. 교사마다 역량의 차이는 있어도 기본적인 수업 내용의 핵심 요소는 매우 유사하다.

그런데 대학은 아니다. 대학교수는 자기 마음대로 가르칠 수 있다. 원래 대학교수는 자기가 연구해서 알아낸 것을 학생들에게 가르쳤다. 교수는 자기가 가르치고 싶은 것을 학생들에게 가르칠 자유가 있다. 또 학생은 수업 참석을 선택할 자유가 있다. 초 · 중등학교처럼 의무 이수 내용이랄 것도 없고 학생들이 반드시 배워야 하는 것도 없다. 원칙적으로는 교수는 자기 마음대로 가르치고, 학생은 자기가 듣고 싶은 과목만 들을 수 있다. 이것이 헌법에서 보장하는 '대학의 자유'이다.

셋째, 위의 차이 때문에 교사가 되기 위한 자격조건과 교수가 되기 위한 자격조건이 다르다. 교사는 수업만큼 학습자 생활지도가 중요하다. 그래서 초등학교, 중등학교 교사가 되기 위해서는 전공

지식만이 아니라 학생들을 지도하는 기술, 방법, 심리학적 지식 등도 배운다. 초등학교 교사는 교육대학을 졸업해야 하고, 중고등학교 교사는 사범대학을 졸업해야 한다. 전공지식을 많이 안다고 교사가 되는 게 아니라, 학생들을 가르치는 기술, 지도하는 방법 등을 전문적으로 배워야만 교사가 될 수 있다.

교수는 전공지식만 있으면 된다. 전공지식 측면에서 일정 수준 이상 도달했다는 박사학위만 있으면 교수 지원 자격을 얻는다. 학생들 지도 방법, 가르치는 방법은 평생 배워본 적이 없다. 교수 모집 과정에서 이를 특별하게 요구하지 않는 건 대학에서는 학생들을 위한 특별한 교수법이 필요하지 않기 때문이다. 그냥 전공지식만 가르치면 될 일이니, 교육자로서의 자격도 크게 요구하지 않는다. 이게 원칙이다. 하지만 지금 대학의 현실은 교수가 이런 원칙에 머물고 있을 수 없게끔 한다. 대학 입학생 감소, 대학평가 등의 대학위기, 그리고 국가 주도의 교육개혁은 '교수의 교사화'를 이끌고 있다.

교수의 교사화를 이끄는 주된 요인은 대학 입학생 감소다. 대학 입학생 감소는 단순한 숫자 감소에 그치지 않는다. 이미 입학한 학생이 다른 대학에 들어가려 휴학을 한다. 졸업하지 않고 중간에 그만두기도 한다. 휴학, 자퇴는 학생의 권리이다. 이전에는 이런 학생들에게 특별히 별말 하지 않았다. 그런데 대학생 인구가 줄어드자 휴학생, 자퇴생의 증가는 큰 문제로 대두됐다. 어떻게 해서든 휴학생, 자퇴생을 줄여야 한다.

그럼 어떻게 하면 휴학생, 자퇴생을 줄일 수 있을까? 학생이 학교에 정을 붙이면, 학과 교수에 정을 붙이면 그만두지 않는다. 교수와 학생 간 정이 생기기 위해서는 자주 만나고 이야기해야 한다. 공부 이야기만 하면 안 되고 생활의 고민, 학비 고민 등도 들어주어야 한다. 지금 대학에서는 교수들에게 잘 가르치라고만 하지 않는다. 학생들을 최대한 많이 만나고 소통하도록 한다. 그냥 하라고만 하면 교수는 잘 움직이지 않는다. 학생 면담 기록을 써서 올리도록 해야 한다.

대학평가도 이런 추세를 이끈다. 대학평가에는 교수가 학생들과 얼마나 많이 면담했느냐가 평가점수에 들어간다. 면담의 내용이 학업 관련이었는지, 생활 취업 관련이었는지 등도 구분한다. 학생들과 이런 이야기를 하면 필연적으로 '이렇게 하는 게 좋겠다, 저렇게 하는 게 좋겠다.' 등등의 충고, 권유도 하게 된다. 교수가 학생들에게 생활지도를 하게 된다.

교육부 정책도 교수의 학생 생활지도를 이끈다. 대학교에서의 생활과 관련된 문제가 학생에게 발생하면, 지도교수에게 책임을 묻는다. 학생들이 MT를 갔는데 사고가 나면 지도교수의 책임 여부를 조사한다. 학생들이 자체적으로 자기들끼리만 갔다면 사고가 발생해도 교수의 책임은 없다. 그런데 학생들이 학교에 신고하고 간다거나 학교의 지원금을 받았다거나 등으로 학교의 책임 소지가 연관된다면 지도교수의 책임이 발생한다. 그럼 지도교수는 어떻게 해야 하나? 만약 학생들의 MT, 체육대회, 수학여행 등에서 문제가 생기면 교수 자신에게 문제가 발생한다. 따라서 학생들에게 이러쿵저러쿵 말할 수밖에 없다. '술 마시지 마라, 위험한 데 가지 마라, 혼자 떨어져서 다니지 마라, 일찍 자라, 싸우지 마라' 등등 간섭한다. 교사가 미성년자 중고등학생들에게 술 마시지 말라고 훈계를 하는 건 당연하다. 그런데 나이 스물이 넘은 성인들에게 '술 마시지 마라, 일찍 자라'는 말을 하는 건 웃긴 일이다. 말이 안 되는데, 교육부는 그렇게 하라고 한다. 교수와 대학생의 관계를 초중고 교사와 학생의 관계와 동일하게 파악한다는 의미이다.

국가는 교수가 수업 중 가르치는 내용에도 종종 개입한다. 가장 대표적인 것이 NCS National Competency Standards 이다. NCS는 '국가직무능력표준'이다. 국가가 어떤 전문지식의 표준적인 기준을 만들었다는 의미로, 전공과목에서 무얼 가르쳐야 하는지 규정하고 그대로 가르칠 것을 요구한다. 좋게 말하면 NCS를 도입한 전국의 모든 학과목에서는 같은 수준의 전공지식을 얻을 수 있다. 나쁘게 말하면 대학 수업시간에도 NCS에서 규정한 대로 가르쳐야 한다는 뜻이다. 정부는 대학이 NCS를 도입하면 지원금을 준다. 돈이 부족한 대학은 지원금을 받기 위해 NCS를 도입한다. 이는 대학교수의 교사화, 교수의 학원강사화를 의미한다. 대학은 NCS를 싫어하지만, 지원금을 받기 위해서는 어쩔 수 없이 받아들여야 하는 게 현실이다.

교수의 교사화는 오랫동안 진행됐다. 생활지도뿐만 아니라 강의 측면에서도 현재는 많은 교수가 전공 교재를 선택해서 그 교재 내용대로만 가르친다. 사실 교재 내용대로만 가르치면 교수가 필요 없다. 학원강사가 훨씬 더 잘 가르친다. 앞으로 좀 더 시간이 지나면 교수와 교사로 구분할 필요도 없어질지 모른다. 그냥 초중고대학교 모두 교사로 일원화하는 게 맞을지도 모르겠다.

교수 명칭은 왜 그렇게 많을까?

    필자가 근무했던 대학에서 '강의교수' 모집공고가 나면 많은 사람이 지원했다. 그런데 면접을 하다 보면 안타까운 점이 하나 있다. 현재 좋은 직장에서 잘 다니고 있는 사람들이 강의교수에 지원을 한다. 그 사람들은 직장을 다니면서 박사학위를 땄다. 그동안 교수가 되기를 원했고, 이제는 지원자격을 얻어 교수직에 지원한 거다. 지금 남들이 부러워하는 직장을 가지고 있지만, 그곳보다는 교수가 더 낫다. 교수가 되면 보수는 좀 적어져도 65세 정년이 보장된다. 방학도 있고 강의만 좀 하면 되니 좋은 직장 아닌가? 그래서 직장을 가진 많은 사람이 강의교수에 지원한다. 바로 박사를 따서 직장 없는 사람, 강사로만 지내는 사람 등도 많이 지원하지만, 제대로 된 직장을 가지고 있으면서 강의교수에 지원하는 사람들도 항상 등장한다.

    문제는 강의교수와 진짜 교수가 다르다는 점이다. 그야말로 강의만 한다. 교수의 주된 업무 중 하나인 행정적인 일을 안 하고 강의만 하면 더 좋은 거 아니냐고 되물을 수 있는데, 강의 교수는 신분과 보수 등에서 '진짜 교수'와 완전히 다르다. 보수는 학교에 따라 차이가 있지만, 기본적으로 대략 연 3천만 원대이다. 강사들보다는 나은 수입이지만 직장인으로서의 충분한 수입은 아니다. 무엇보다 강의교수는 계약직이다. 보통 2년 계약이고, 재계약을 하면 4년이다. 교수들이 정년이 보장된다고 하지만 강의교수는 그렇지 않다. 계약기간이 지나면 나가야 한다.

직장을 그만두고 강의교수에 지원하는 사람들은 강의교수도 정년이 보장되는 것으로 생각한다. 그래서 지금 잘 다니는 직장을 그만두고 강의교수로 오려고 한다. 그러나 교수들 입장에서는 아무리 능력 있고, 인성도 좋아 보이고, 강의도 잘할 것으로 생각되어도, 이런 사람을 뽑을 수는 없다. 이 사람을 뽑아서 '직장을 그만두고 강의교수로 오라' 말할 수가 없다. 그것은 이 사람 인생을 망치는 짓이다. 학교에 들어와서 강의교수의 실태를 알게 되면 자기를 뽑은 교수들을 모두 원수로 보게 될 거다.

비단 강의교수만의 문제가 아니다. '산업체중점교수', '연구교수' 등도 마찬가지이다. 학교 외부에 있는 사람들은 교수라는 명칭이 붙었으니 진짜 교수로 생각한다. 하지만 학교 내에서, 그리고 교수사회 내부에서는 확실히 구분한다. 진짜 교수와 이런 교수들과는 엄청난 차이가 있다. 가장 큰 차이는 정년이 보장되느냐 계약직이냐의 문제이다. 진짜 교수는 65세까지 정년이 보장되지만 강의교수, 산업체중점교수, 연구교수 등은 정년이 보장되지 않는 계약직이다. 그리고 겸임교수, 초빙교수는 사실 강사이다. 보수도 강의 시간에 따라 지급될 뿐이다. 학교에서는 교수 비율 등을 맞추기 위해 이들에게 교수 타이틀을 주지만 실제로는 강사이다.

교수에 관해 좀 아는 사람은 진짜 교수들도 계약직이니 차이가 없는 거 아니냐고 말하기도 한다. 실제 진짜 교수들도 계약직이긴 하다. 처음에 조교수로 들어가면 4년 정도 임용계약을 맺는다. 그리고 4년이 지나면 재계약을 한다. 부교수로 승진을 하면 보통 6년 계약이다. 그다음에 정교수가 되는데, 법적으로 정년이 보장되는 건 바로 이 정교수부터다. 조교수와 부교수는 정년보장이 되지 않는 계약직이다. 공식적으로는 그렇지만, 실질적으로는 조교수, 부교수들도 정년이 보장된다. 재계약이 되기 위해서는 재임용 조건이 있는데 이 조건만 충족되면 항상 재계약이 된다. 그 재임용 조건은 어렵지 않다. 외부의 다른 사람들이 보기에는 어렵게 느낄 수 있는데, 학계 내부인 입장에서는 정말 기본적인 것들이다. 그 조건도 맞추지 못했다면 그 사람에게 문제가 있을 가능성이 클 것이다. 그래서 조교수로 처음에 임용되면 공식적으로는 계약직이기는 하지만 사실상 정년이 보장되는 것으로 본다. 범죄를 저질러 형사처벌을 받는 등의 특별한 문제가 없다면, 교수가 된 이후에는 정년까지 교수로 살 수 있다.

하지만 강의교수, 산업체중점교수, 연구교수 등은 다르다. 이들은 임용 기간이 끝나면 그만두고 나가야 한다. 그동안 아무 문제가 없었고 주어진 일을 잘했고 뛰어난 업적을 보였어도 소용없다. 실적이 아무리 좋아도 이들을 정년 교수로 바꿔주지는 않는다. 정년이 보장되는 교수가 되려면 정식 교수를 모집할 때 다시 지원해야 한다. 그리고 정식 교수를 뽑을 때는 강의교수, 산업체중점교수 등을 뽑을 때와는 선발 기준이 완전히 다르다. 그동안 강의교수, 산업체 중점교수, 연구교수 등으로 쌓은 업적은 별 도움이 되지 않는다.

정년이 보장되는 교수인 줄 알고 지원했는데, 들어가 보니 정년 보장이 없는 계약직 교수였기 때문에 문제가 된 경우가 많이 발생했다. 어느 순간부터 교수 모집공고를 할 때 '정년트랙', '비정년트랙'이라는 표현이 사용되기 시작했다. 이때 정년트랙은 정식 교수이고 비정년트랙은 교수라는 명칭이기는 하지만 정식 교수가 아닌 경우였다. 그런데 시간이 지나면서 이 구분도 정확하지 않게 되었다. 강의 교수이기는 하지만 2년, 4년이 지나 나가지 않고 정년까지 계속 있을 수 있는 경우가 생겼다. 연구교수, 산업체중점교수 등도 재계약을 통해 정년까지 있을 수 있게 되었고, 따라서 이것도 정년트랙이라고 볼 수 있다.

그러나 이렇게 정년까지 있을 수 있다고 해도 진짜 교수와는 다르다. 일단 보수가 다르다. 진짜 교수가 계속해서 연봉이 오르는 시스템이라면 다른 교수들은 연봉이 오르지 않는다. 오르더라도 계약기간만 오르고, 재계약이 되면 다시 처음 연봉으로 돌아간다. 그리고 이때 정년이 보장된다고 해도 어디까지나 재계약조건이 만족 되는 경우이다. 진짜 교수들의 재계약 조건보다 불리해서, 이 조건을 계속 맞추면서 정년까지 가기는 쉽지 않다. 그래서 지금은 정년트랙은 진짜 교수이고 비정년트랙은 그렇지 않다 라고 보는 것도 틀린 경우가 많다.

또 혹자는 조교수, 부교수, 교수 등은 정식 교수이고, 이외에 다른 명칭을 가진 교수는 정식 교수가 아닌 것으로 보기도 한다. 그런데 그것도 아니다. 강의교수, 산업체중점교수 등이라고 말은 하지만, 이건 공식적인 명칭은 아니다. 원래 교수의 제대로 된 공식적인 명칭은 조교수, 부교수, 교수이다. 그래서 겉으로는 강의교수라고 불러도, 공식적인 서류에는 조교수라고 표시되어있는 경우가 많다. 즉 조교수에는 정년트랙 조교수와 비정년트랙 조교수가 같이 있다. 조교수, 부교수 여부로 정식 교수인가 여부를 구분할 수는 없다.

그럼 진짜 교수, 보통 사람들이 말하는 정식 교수와 명칭은 교수이지만 진짜 정식 교수는 아닌 경우를 어떻게 구분할 수 있을까? 교수라는 명칭으로 구분할 수는 없다. 임시계약직이지만 교수라는 타이틀을 가진 경우는 무척 많다. 앞에서 본 것처럼 정년트랙, 비정년트랙으로 구분할 수도 없고, 조교수, 부교수 등의 명칭으로 구분할 수도 없다. 전임교수라는 명칭으로도 곤란하다. 전임은 완전히 그 학교 소속이라는 이야기인데, 강의교수, 산업체중점교수도 그 학교 소속이고 따라서 전임교수라는 표현을 쓰기도 한다.

사실 필자가 이 글을 쓰면서 느끼는 것인데, 진짜 교수와 다른 교수를 구분하는 명확한 기준을 찾기는 굉장히 어렵다. 그런 기준은 없는 것 같다. 그런데 사실 교수들은 다른 교수들을 볼 때 정식 교수인지 아닌지 확실히 구분할 수 있다. 자신이 소속된 학교 교수는 당연히 구분하고 다른 학교 교수들, 학회에서 만나는 교수들에 관해서도 분명히 구분할 수 있다. 설사 그렇게 확실히 구분하지 못한다고 해도, 누가 어디에 어떻게 임용되었다는 말을 들으면 '뭔가 이상한데, 정식 교수가 아닌 거 같은데'라는 느낌을 받는다. 그래서 누군가 교수가 되었다는 소식을 접할 때, 순수하게 축하하지 못하는 경우가 많다. 그게 진짜 교수가 아니라는 것을 알고, 그렇다면 앞으로 그리 쉽지 않다는 것을 알기 때문이다.

교수라는 명칭이 왜 이렇게 복잡해졌는지는 모르겠다. 어쨌든 교수라는 명칭 내에 굉장히 여러 가지 스펙트럼이 있는 건 사실이고, 외부에서는 이걸 구분하는 게 쉽지 않다.

학과장 교수는 평교수보다
높은 사람일까?

대학에서는 외부 사람들과 만나는 일도 많다. 다른 학교 사람들이나 학계 사람들을 만나는 일도 많지만, 기업, 업계 사람들하고 만나는 일도 잦다. 최근 학교에서는 산학협력을 강조한다. 아니, 엄밀히 말하면 학교에서 강조하는 것이 아니라 교육부에서 강조한다. 기업들과 얼마나 네트워크를 만들었느냐, 기업인들이 얼마나 학교 사업에 참여하느냐, 기업과 MOU를 얼마나 맺었느냐 등이 대학평가, 기관평가 등에서 무시할 수 없는 지표들이다. 그래서 대학에서 주관하는 이런저런 사업을 산업계 사람들, 회사원들과 같이 진행할 때가 있다.

그런데 이렇게 기업, 공공기관 등에 있는 외부 사람들을 만나면 재미있는 일을 겪을 때가 있다. 이 사람들은 교수들과 만나는 자리에서 학과장을 잘 챙긴다. 학과 행사에서는 학과장을 잘 챙기고, 학부 행사에서는 학부장을 우대한다.

모두가 그런 건 아니다. 학과장이나 일반 교수들이나 큰 차이 없이 대하는 사람들도 많다. 그런데 학과장을 대하는 태도와 일반 교수를 대하는 태도가 완전히 다른 사람들도 있다. 보통 교수들을 대할 때와 달리 학과장한테는 목소리부터 달라진다. 학과장에게 특별히 보이려고 한다는 게 바로 체감된다.

이 사람이 왜 이러는지는 이해할 수 있다. 그 조직 내에서 가장 중요한 사람, 의사결정권이 있는 사람에게 잘 보이고자 하는 건 충분히 이해된다. 팀원들이 모두 모인 자리에서 일반 팀원들을 잘 아는 것보다 팀장을 잘 아는 게 훨씬 더 중요하니까. 일반 회사직원들과 잘 지내는 것보다 과장, 부장, 전무, 사장 등 높은 사람들을 알고 잘 지내는 게 훨씬 더 유리하지 않겠는가? 학과 교수들이 모두 모인 자리에서 학과장을 특별하게 대하고, 학부 교수들이 모두 모인 자리에서는 학부장을 특별하게 대하는 건 네트워크 관리에서 당연한 일일 것이다. 다른 조직이라면 이 말이 맞는다. 하지만 대학 조직에서 이런 접근은 맞지 않는다. 일반 조직에서는 일반 직원들은 무시하고 과장, 부장에게만 잘 보여도 된다. 일반 직원보다 과장, 부장이 더 높은 사람이다. 하지만 교수 집단은 그렇지 않다. 교수 집단에서 학과장, 학부장은 높은 사람이 아니다. 그냥 현재 그 보직을 맡은 사람일 뿐이다.

조직론에서 가장 기본이 되는 조직 유형은 관료제와 팀제이다. 관료제는 직급이 바로 그 사람의 조직 내 위치와 연결된다. 높은 직급의 사람이 더 희귀한, 유능한 위치를 점유한 사람이다. 여기서 중요한 점은 직급과 위치가 직결된다는 점이다. A가 과장이고 B가 사원이라고 하면 A가 B보다 높은 위치에 있다. 이에 반해 팀제는 직위와 위치가 서로 연결되지 않는다. 업무를 가장 잘할 수 있는지에 따라 팀장과 팀원이 구분된다. A가 팀장이고 B가 팀원이었다고 하자. 그런데 다른 업무가 필요해서 다른 팀이 만들어질 때는 B가 팀장이 되고 A가 팀원이 될 수도 있다. 누구든 팀장이 되고, 현재 팀장도 언제든 팀원이 될 수도 있다. 이러면 팀장, 팀원이 신분상의 관계, 높고 낮음의 관계가 되지 않는다. 업무를 기반으로 한 평등한 인간관계가 형성된다.

현재 우리나라의 많은 조직은 팀제를 도입한다고 하면서 조직의 이름에 팀을 붙인다. 지금은 과장이라는 명칭보다 팀장 등의 명칭이 더 많이 사용된다. 하지만 팀장, 팀원의 이름을 사용한다고 해서 진짜 팀제는 아니다. 한 번 팀장이 되면 계속 팀장인 조직, 팀장이 더 승진할 수는 있으나 팀원으로 내려오지는 않는 조직은 이름만 팀제이지 실제로는 관료제 조직이다. 팀장이 팀원이 되고, 팀원이 팀장이 되는 식으로 바뀔 가능성이 있어야만 진짜 팀제 조직이다. 하지만 한국 조직에서 이런 경우는 거의 없다. 공무원 조직이든 군대 조직이든 사기업이든 구성원 간의 상하관계가 뒤집히는 경우는 거의 없다. 그런데 이렇게 실질적인 팀제가 없는 한국에서도 팀제가 적용되는 조직이 있다. 바로 대학 조직, 교수들의 세계이다.

외부인들은 학과장 교수가 일반 평교수보다 더 높은 사람으로 생각한다. 일반 회사에서 과장과 사원, 아니면 부장과 과장 사이의 관계로 생각한다. 하지만 아니다. 학과장은 학과 내 교수들이 서로 돌아가면서 담당하는 보직이다. 한 과에 A, B, C, D 네 명의 교수가 있다고 하자. A 교수가 학과장이라 하면, 학과장 임기 2년이 끝나면 그다음에는 B가 학과장이 된다. A 교수는 학과장을 하다가 평교수가 된다. 회사라면 과장 A가 임기를 마치면 다른 과의 과장이 되거나, 아니면 부장이 되거나 할 것이다. 과장이 평직원이 되는 사례는 없다. 하지만 학교는 학과장 A가 임기를 마치면 그 과의 평교수가 된다. B가 학과장 임기를 마치면 C가 학과장을 하고, 다음으로 D가 한다. 그사이 다른 교수 E가 새로 오게 되면 D가 임기를 마친 이후 E가 학과장이 될 것이다. 그런데 그사이 다른 교수가 새로 오지 않으면 A가 다시 학과장을 한다. 다른 교수들이 모두 정년에 가깝거나 일할 교수가 워낙 없는 경우에는 한 교수가 계속 학과장을 할 수도 있다. 그리고 학과에 교수가 상당히 많은 경우에는 교수 중에서 선발해서 학과장이 되는 사례도 있다. 그런데 대부분의 학과는 교수 수가 손가락으로 꼽는 정도라 서로 돌아가며 학과장을 맡는다. 학부장, 처장 등 학교 교수의 보직은 모두 마찬가지이다. 평교수로 있다가 학부장, 처장이 되고, 임기가 끝나면 평교수로 돌아온다. 원칙적으로 총장을 하더라도, 총장 임기가 끝나면 평교수가 된다. 일반적으로 총장은 나이가 많고, 총장 임기가 끝났을 때 교수 정년이 걸려서 총장이 다시 교수가 되는 경우가 드물 뿐이다.

물론 교수 사이에도 위계는 있다. 보다 나이 많은 교수, 학교에 들어온 시간이 오래된 교수, 박사학위를 받은 학교의 선후배 사이 등의 위계가 존재한다. 이런 위계는 무시할 수 없다. 그러나 분명한 건 학과장, 학부장, 처장, 센터장 등 보직으로 교수의 위계가 정해지지는 않는다는 점이다. 평생 평교수로만 지내던 사람이 어느 날 갑자기 학부장, 처장, 센터장이 될 수 있다. 10년간 학부장, 처장을 하던 사람도 그다음 날 평교수가 될 수 있다.

이렇게 직위가 신분과 관계가 없을 때 나타나는 현상이 무언가 하면, 교수들이 이런 보직을 잘 맡으려 하지 않는다는 점이다. 사원들은 과장이 되려 하고 부장이 되려 하고 이사가 되려 한다. 더 높은 지위와 신분을 얻기를 바라고 또 노력한다. 그런데 교수는 특별한 사정이 없다면 이런 보직을 맡으려 하지 않는다. 학과장이 되면 해야 하는 업무만 많이 늘어난다. 학부장이 되면 정말 바빠지고, 처장 등 본부의 보직을 맡으면 매일 매일 출퇴근하면서 학교 행정업무를 처리해야 한다. 야근도 밥 먹듯이 해야 하는 게 본부 보직 업무이다.

교수가 그런 보직을 맡지 않으면 강의를 하면서 어쩔 수 없이 주어지는 학교 일만 하면 된다. 그런데 보직을 맡으면 하는 일이 늘어난다. 보직수당으로 조금 더 받기는 하는데, 업무량과 투여해야 하는 시간은 엄청나게 늘어난다. 나중에 총장 등을 하려면 보직 경험이 있어야 하기에 보직을 선호하는 교수들도 분명히 있다. 그런데 대부분 교수는 스스로 맡고 싶어서가 아니라 맡아야 해서, 순서가 되어서, 총장 등이 부탁을 해서 등의 이유로 보직을 맡는다. 외부 사람들은 어떤 교수가 학과장, 학부장, 처장이 됐다면 승진했다고 이해하고 축하인사를 전한다. 하지만 교수들끼리는 누가 이런 보직을 맡았다 하면 축하한다는 말보다는 '고생하네'라는 말이 먼저 나온다. 이런 보직은 승진, 자아성취보다는 봉사의 의미가 더 크기 때문이다. 그래서 외부 사람들의 편견과 달리 평교수와 보직 교수는 지위와는 큰 상관이 없다. 평교수들이 내일 학과장, 학부장이 되고, 지금 학과장, 학부장은 내일 평교수가 된다.

교수가 가장 꺼리는 수업

교수들이 가장 꺼리는 수업이 어떤 수업일까? 강의하기 제일 어려워하고 가능하면 피하고 싶은 수업은 어떤 수업일까? 바로 직장인들을 대상으로 하는 수업이다.

경영학과의 경우 직장인들을 대상으로 하는 MBAmaster of business administration 과정이 있다. MBA는 회사 생활을 몇 년 한 사람들을 대상으로 추가적인 경영 수업을 위해 만들어진 실무자 과정이다. 즉 MBA 학생들은 회사 업무나 운영에 관해 기본적인 지식을 이미 알고 있다. 그런데 그런 사람들에게 회사 인사, 재무, 생산관리 등을 가르쳐야 한다. 이건 교수 입장에서 상당히 부담스러운 조건이다. 금융, 투자회사를 다니다 MBA 수업을 듣는 사람도 있다. 그런 사람들에게 투자, 재무관리에 관해 가르쳐야 한다. 그러면 투자에 관해 교수가 더 잘 알까, 현장에서 투자 업무를 하는 사람들이 더 잘 알까? 과거에 관해서는 교수가 더 잘 알 수 있다. 10년 전 금융위기 때 어땠는지, 20년 전 외환위기 때는 어땠는지, 1929년 미국 대공황 때 금융계가 어땠는지에 관해서는 교수가 더 많이 안다. 그런데 지금 당장 투자 현실에 관해서는 현장에서 실무를 맡은 사람들이 더 잘 알고 있다.

더 문제는 기업의 환경은 금방 바뀐다는 점이다. 기업 내부의 조직, 규정, 전략도 계속 바뀐다. 교수가 '삼성의 조직은 이렇다'라고 설명을 하면, 지금 삼성에 다니고 있는 직장인 학생이 작년까지는 그랬는데 지금은 바뀌었다는 말을 한다. 이런 상황이 되면 교수가 가르치는 게 아니라 오히려 그 학생에게 배우는 것이다.

순수한 대학생을 대상으로 수업할 때는 이런 고민을 안 해도 된다. 대학생들은 대체로 아무것도 모른다. 하지만 직장인은 아니다. 교수가 말을 하면 이게 맞는 말인지 틀린 말인지, 지금 이야기인지 과거 이야기인지 바로 알고 교수를 평가한다. 그러니 직장인들을 대상으로 하는 강의가 어렵고 부담스러울 수밖에 없다.

경영, 경제 현실은 계속 변한다. 작년에 1등 하던 기업과 지금 1등 하는 기업이 다르다. 1년 전에 히트한 제품과 지금 히트하는 제품이 다르다. 1년 전 실업률과 지금 실업률도 다르다. 이걸 모르고 그냥 강의했다간 현실을 따라가지 못하는 바보 같은 교수가 된다.

나이 든 사람들은 5년 전 일도 지금처럼 생생하다. 그래서 5년 전에 히트한 상품, 5년 전의 산업구조, 5년 전의 소득 분배 구조를 말해도 별문제 없다. 그런데 대학 1년생에게 5년 전은 중학생 때이고 그건 까마득한 옛날이다. 현업에서 일하는 사람에게도 5년 전 이야기는 이미 한참 오래된 과거의 이야기일 뿐이다.

정치, 행정, 국제관계, 법도 마찬가지이다. 법률이 개정되었는데 개정되기 전 법률을 기반으로 이야기하면 바로 공부 안 하는 교수라는 낙인이 찍힌다. 학생들에게뿐만 아니라 동료 교수, 학자들에게도 비웃음을 받는다.

이렇게 계속 현실이 바뀌는 분야에서는 교수라고 해도 자기 지식에 관한 자기 확신을 느끼기 힘들다. 어디 가서 아는 척을 잘할 수도 없다. 상대방이 학생일 때, 상대방이 자기 분야에 관해 전혀 알지 못하는 사람이라는 확신이 있을 때만 좀 아는 척을 할 수 있다. 그렇지 않다면 상대방이 자기보다 훨씬 더 많이 아는 사람일 수 있다는 가능성을 인식한다. 이런 분야인데도 만약 지적 자신감을 가진 교수가 있으면 그건 오만한 교수이다. 교수가 된 다음에 현장 사람들하고 소통하지 않고 그냥 학생들만 상관해온 교수일 것이다.

그래서 이 분야의 교수는 둘로 갈라진다. 논문을 쓰고 프로젝트를 하는 교수들은 현실 학문 추세를 계속 따라가야 한다. 계속 업데이트하고 현실의 변화를 점검해야 한다. 그런데 학생을 가르치기만 하는 교수는 그런 업데이트가 필요 없다. 그냥 그동안 가르쳐온 것을 반복해도 아무 문제 없다. 10년, 20년 가르친 것을 똑같이 가르쳐도 아무 문제 없다. 이렇게 될 때 교수는 정체된다. 하지만 자기가 정체된 걸 모른다. 자기 본인이 절대적인 지식을 가지고 있다고 생각하게 된다. 자기 지식에 정체된 오만한 교수는 이렇게 탄생한다.

그래서 필자는 교수는 대학 외부와 밀접하게 연결되어야 할 필요가 있다고 생각한다. 대학 안에서만 지내다 보면 교수의 지식은 고이고 썩는다. 이런 교수들에게만 배우면 학생들은 현재의 지식이 아니라 과거의 지식을 배운다. 과거의 지식을 아무리 배워봤자 그 학생의 지식수준은 현재 학문 수준을 따라가지 못한다. 자신의 지식에 관해 자신감, 자만감을 가지지 않고 계속해서 지식을 업데이트하는 교수가 좋은 교수이다.

어떻게 하면
교수가 될 수 있을까?

학벌, 논문, 나이

••

한 학생이 면담을 신청했다. 다른 학생들이 없는 곳에서 둘이서만 이야기를 하고 싶다고 했다. 학생이 먼저 면담을 신청하는 경우는 보통 교수의 사인이 필요한 때이다. 장학금 신청을 할 때 교수의 사인이나 추천서가 필요한 경우, 휴학이나 자퇴 등을 할 때 사인이 필요한 경우 등이다. 그런데 교수의 사인을 요구하는데 둘이서만 있을 필요는 없다. 이런 상황은 굉장히 드물어서 어떤 일인가 했다.

이 학생은 반에서 1등을 하는 학생이었다. 자기는 앞으로 교수가 되고 싶은데 어떻게 하면 교수가 될 수 있는지 물어보았다. 강사, 겸임교수, 강의교수 등이 아니라 진짜 교수가 되려면 어떻게 해야 하는지에 대한 문의였다. 안타까웠다. 솔직히 말하자. 이 학생이 전임교수가 될 확률은 거의 없다. 앞으로 열심히 하면 되지 않을까? 다른 분야라면 "지금까지 어디서 무슨 일을 했다 하더라도 지금부터 열심히 제대로 하면 충분히 가능하다."라고 말할 수 있다. 어렵다고 하는 변호사도 될 수 있고 판사, 검사도 될 수 있고 고위 공무원도 될 수 있다. 앞으로 공부 열심히 해서 시험을 잘 보면 충분히 가능성이 있다. 그런데 교수는 아니다.

교수가 되기 위해서 가장 필요한 조건은 냉정하게도 학벌이다. 여전히 좋은 대학을 나와야 교수가 될 수 있다. 다른 분야는 학벌이 중요하다고 해도 학벌이 필수적이라고 보기는 힘들다. 학벌이 좋으면 유리하다는 것이지, 학벌이 안 좋다고 불가능한 건 아니다. 그런데 교수의 길은 그렇지 않다. 학벌이 좋지 않으면 교수 임용은 거의 불가능하다. 필자가 근무했던 학교는 좋은 대학이 아니었다. 그 대학을 나와서 교수가 되는 건 불가능했다. 강의교수, 산업체겸임교수 등은 가능하지만 진짜 정식 전임교수는 바랄 수 없다.

박사학위가 있으면 되는 게 아니냐고 할지 모른다. 대학은 어디를 나왔든 박사학위를 좋은 데서 따면 학벌 자격은 문제없는 게 아니냐고 할 수도 있다. 그런데 그렇지 않다. 박사학위를 어디서 받았느냐도 중요하고, 그에 못지않게 어느 대학을 나왔느냐도 중요하다. 마지노선은 서울의 4년제 대학, 아니면 지방 명문대이다. 이런 대학을 나오고 석사, 박사학위를 명문 대학에서 이수하면 교수가 될 가능성이 있다. 하지만 그것도 자기가 나온 대학보다 이른바 '급'이 낮은 대학에서만 교수가 될 수 있다. 자기가 졸업한 대학보다 좋은 대학으로 가는 건 불가능하다고 봐야 한다. 박사과정에서 아무리 좋은 논문을 쓰고 좋은 학자라고 이름이 알려져도 마찬가지이다. 이는 포닥*인 사람도 마찬가지다. 대학 학벌이 좋으면 교수로 갈 수 있는 대학이 많아진다. 학벌이 안 좋을수록 교수로 갈 수 있는 대학은 줄어든다. 서울권 대학 출신이 아니면 교수가 되기는 굉장히 어렵다. 대학에 따라서는 자기 대학 출신을 교수로 키우는 경우가 있다. 이런 경우라면 학벌이 안 좋아도 자기 대학에 교수가 될 수 있기는 하다. 그런데 이건 학교 내에서도 상징적으로 몇 명만 뽑을 뿐이다. 그리고 이런 식으로 자기 모교에 교수로 채용되는 건 그에 상응하는 대가를 지불해야 한다. 교수가 될 때까지, 그리고 교수가 되고 나서도 학과 내의 온갖 잡일을 다하는 '참일꾼'이 되어야 한다.

박사도 아무 데서나 하면 안 된다. 박사도 이른바 '명문대'에서 해야 한다. 그런데 박사를 명문대에서 하는 건 그렇게 어렵지 않다. 학부생으로 대학에 들어가는 게 힘들지, 박사과정생으로 대학에 들어가는 것은 상대적으로 무난하다. 그래서 박사학위가 명문대가 아니면 그 사람의 실력이 의심받는다. 박사과정에 명문대를 들어가지 못했다는 건 실력이 그만큼 떨어진다는 사실을 증명한다. 그리고 무엇보다 박사라고 해서 모두 같은 박사가 아니다. 명문대 이외의 대학에서 박사학위를 받는 건 어렵지 않다. 보통 사람들은 몰라도 교수들은 지금 한국에서 양산되는 박사학위의 질에 심각한 문제가 있다는 걸 알고 있다. 현재 한국 학계에서는 단지 박사학위가 있다는 이유로 그 사람의 실력이 출중하다고 판단하지 않는다.

✦ 포닥은 '포스트 닥터(post doctor)'의 줄임말로 '박사후 연구원'이라고 풀이한다. 박사학위를 받은 후 대학이나 연구소 등에서 자신의 전공 분야와 관련한 주제를 연구하며 고정급을 받는다.

사실 명문대에서 박사학위를 받아도 학문 실력에 한계가 있다. 그래서 가장 쉬운 방법은 유학 가서 학위를 따는 것이다. 외국에서 학위를 따면 학벌이 좀 안 좋아도 된다. 국내 학벌과 관계없이 교수가 될 수 있는 길은 외국에서 학위를 따오는 방법뿐이다. 외국에서 학위를 딴다고 해서 반드시 교수가 될 수 있다고는 말할 수 없다. 이건 전공에 따라 다르다. 해외 학위가 많은 전공 분야는 유학을 갔다 와도 교수 자리를 구할 수 없다. 하지만 해외 학위가 많지 않은 분야는 해외 학위가 있으면 상대적으로 쉽게 교수가 될 수 있다.

학벌 다음으로 중요한 요건은 논문이다. 논문은 질과 양 모두 중요하다. 좋은 대학은 논문 품질 검사를 한다. 그래서 아무리 논문 양이 많아도 논문 질이 안 좋으면 좋은 대학은 갈 수 없다. 그러나 아무리 질이 중요하다고 해도 기본적인 논문의 양은 있어야 한다. 교수를 모집할 때 400%의 논문실적이 있어야 한다고 하면 4편 이상의 양은 있어야 지원할 수 있다는 뜻이다. 그런데 진짜 이 기준만 맞춰서는 높은 점수를 받기 힘들다. 기준보다 더 많은 논문실적이 있어야 한다. 질 검사를 하지 않는다면 논문의 양이 중요하다. 물론 논문의 양이 절대적이지는 않다. 학벌이 낮은데 논문의 양만 많다고 교수로 임용하지는 않는다. 하지만 논문의 양이 많으면 더 유리해지는 것은 사실이다.

공식적으로 이야기하지 않지만, 실제 교수 임용에서 큰 영향을 미치는 게 하나 있다. 바로 나이다. 나이가 어릴수록 임용 가능성이 커진다. 그리고 나이가 들수록 임용 가능성은 줄어든다. '어느 정도의 나이가 넘으면 교수 가능성이 없다'는 식으로 단정적으로 말할 수는 없다. 지원하는 학과 교수들의 나이대가 어떻게 되느냐에 달려있다.

교수는 학교에서 강의하고 논문 쓰고 하는 게 전부가 아니다. 학과의 일을 해야 한다. 회사, 군대에서 자기 후임을 기다리듯이 교수도 자기 후임을 기대한다. 그래야 학과의 행정일, 잡일에서 좀 벗어날 수 있다. 그런데 자기보다 나이 많은 사람이 교수로 새로 온다면? 이건 곤란하다. 기존 교수들보다 나이가 적은 사람이 교수로 와 주어야 한다. 학과마다 막내 교수의 나이는 다 다르다. 어떤 학과는 40세가 막내 교수이다. 그러면 이 학과는 나이 43~44세인 교수는 안 뽑으려 한다. 어떤 학과는 45세가 막내 교수이다. 그러면 이 학과는 43~44세도 뽑을 수 있다. 예외는 있다. 학과가 커서 교수가 많은 경우에는 새로 온 교수가 모든 잡일을 맡아서 하지는 않는다. 이때는 나이가 많은 사람이 와도 상관없다. 하지만 학과 교수 수가 많지 않을 때는 일할 사람, 일을 시킬 사람이 필요하다. 자기들보다 어린 사람을 선호할 수밖에 없다.

교수가 되기 위한 조건 중 예상외로 중요하지 않은 사항이 있다. 강의이다. 교수를 지원하는 사람들은 강의 경력이 중요하다고 생각하여 경험을 많이 쌓으려 한다. 그러나 그 교수의 강의 실력과 경력은 그다지 중요하지 않다. 물론 교수를 뽑을 때 강의 기간에 따라 강의 점수를 주기는 한다. 다만 강의 점수는 기본 강의 기간만 채우면 된다. 강의 경험이 있기만 하면 교수 임용 과정에서 강의에 관해 말이 나오지는 않는다. 즉 교수가 되기 위해 진짜 필요한 객관적인 자격은 학벌, 논문, 그리고 나이이다.

평판, 운

..

좋은 대학에서 학위도 따고 논문실적도 충분하다. 학계에서의 나이도 아직 많지 않다. 그러면 이것만으로 충분히 교수가 될 수 있을까? 앞에서 말한 것은 객관화된 조건이다. 교수가 되기 위해서는 다른 조건도 충족되어야 한다.

일단 학과 교수들 사이에 반대하는 사람이 없어야 한다. 학과 교수 중에서 한 사람만이라도 부정적으로 보는 사람이 있다면 그 학과에 임용되기는 힘들다.

학계는 굉장히 좁은 분야이다. 자기 분야의 교수, 연구원들에 관해서는 웬만하면 어느 정도 알고 있다. 그리고 학계는 일 년에 몇 번 진행되는 학술대회에서 서로 만날 기회가 많다. 친하게 지내지는 않더라도 보통 지원자의 이름은 들어본 적이 있다. 학위를 바로 딴 사람이 지원을 한다면, 그 사람이 누구인지 전혀 모른다. 그런데 요즘은 학위를 따고 바로 교수 될 수 없다. 연구원 생활을 하고, 논문 등을 몇 번 발표한 다음에 교수직에 지원한다. 그 과정에서 학계 네트워크에 들어가게 되고, 그러면서 서로 이름은 아는 사이가 된다. 설사 전혀 모르는 사람이 지원했다 하더라도, 그 지원자가 졸업한 학교의 교수는 알고 있다. 유학을 갔다 온 사람이면, 유학한 학교를 졸업한 선배 교수 중에 아는 사람이 있다. 전화 몇 번 돌려보면 바로 그 사람에 관해서 몇 마디 들을 수 있다. 그러면 그 지원자에 대한 인상이 만들어진다. 이때 학교 교수 중에 그 지원자를 부정적으로 생각하는 사람이 한 사람이라도 있으면 그 학교에서 교수가 되기 힘들다. 다른 교수들이 아무리 밀어도 안 된다.

회사보다 학교가 훨씬 심하다. 회사에서는 누가 반대해도 다른 사람이 밀어주면 가능할 수 있다. 설사 마음에 안 들어도 한 번 기회를 준다는 생각으로 받아들일 수도 있다. 하지만 학교는 곤란하다. 누가 반대하면 다른 교수들이 설득하지도 않는다. 보통 누구 하나 반대하면 끝이다. 이는 교수사회의 특징 때문이다. 대학에 교수들이 많다고 하지만 교수들은 학과 단위로 움직인다. 그리고 학과에는 교수 수가 적다. 커다란 학과는 몇십 명 있기도 하지만 4~5명의 교수로 이루어진 학과가 대부분이다. 이 4~5명이 정년퇴임 할 때까지 몇십 년 동안 계속해서 서로 얼굴을 봐야 한다.

회사에선 직원이 다른 부서로 인사이동 하기도 한다. 하지만 교수들은 인사이동이 없다. 퇴임할 때까지 계속 같은 학과 소속이다. 회사에서는 중간에 직원이 다른 회사로 떠나기도 한다. 하지만 교수는 다른 곳으로 이동하는 경우가 굉장히 드물다. 회사에서는 50대 중반이면 회사를 퇴직하는 사람들이 많이 나온다. 그러나 교수는 65세까지다. 교수를 한 번 뽑으면 앞으로 자기가 정년퇴임 할 때까지 계속 봐야 한다. 싫은 사람, 거북한 사람, 같이 있으면 불편한 사람을 뽑으면 안 된다. 그랬다간 평생 불편한 교수 생활을 감수하게 되는 것이다.

학생들이 수백 명 되는 큰 학과는 교수도 몇십 명이다. 그러면 다른 교수와 안 맞아도 자주 대하지 않고 지낼 수 있다. 이때는 누가 반대하더라도 다수결로 찬성하면 된다. 맘에 안 드는 사람이 같은 학과 교수가 되도 큰 타격은 없다. 그런데 교수 수가 얼마 안 되는 학과는 그렇지 않다. 계속 볼 사람을 뽑는데, 누구 하나가 반대하는 사람은 교수로 뽑힐 수 없다.

연구 실적이 굉장히 훌륭해도 학과 일은 잘 하지 않을 것 같은 사람도 제외이다. 이 책에서 몇 번이나 말하지만, 외부 사람들은 교수가 강의 연구하는 사람이라고만 안다. 강의, 연구만 하면 되고 행정업무는 별로 없는 것으로 생각하는 사람이 많다. 그러다가 학교에 들어오면 수많은 행정업무에 회의를 느끼게 된다. 그런데 이때 회의를 느끼더라도 행정업무를 잘 처리해주어야 한다. 신임 교수가 업무를 거부하거나 태업하면 골치 아파진다. 신임 교수가 이런 일을 하지 않는다고 해서 그 일을 하지 않고 넘어갈 수 있는 건 아니다. 신임교수가 하지 않으면 기존 교수가 해야 한다. 신임 교수를 뽑았더니 연구만 하고 학교 일은 하지 않으려 하면 기존 교수는 골치가 아파진다. 그럴 가능성이 있는 사람은 아예 뽑지 말아야 한다.

창의적이고, 자기주장이 강하고, 독창적이며, 자기 연구에만 몰두하는 사람. 연구자로서는 최선의 사람이다. 그런데 행정업무 담당자로서는 최악의 사람이다. 한국에 몇 안 되는 연구중심대학, 행정일 잘 안 맡기고 연구만 할 수 있게 하는 명문대학은 그런 사람을 받아줄 수 있다. 그러나 많은 대학에서는 학교에서 시키는 일을 잘 처리할 사람을 교수로 뽑아야 한다.

위 조건을 충족시켜서 학과에서 그 지원자를 민다고 하자. 그런데 학과에서 추천한다고 교수로 임용된다는 보장은 없다. 교수 임용은 재단 이사장의 결정사항이다. 학과에서는 후보자를 몇 명 선정해서 학교로 올린다. 그러면 학교에서는 나름의 심사 기준을 적용해서 2차 후보자를 선정한다. 학과에서 영향을 미칠 수 있는 건 1차 후보자 선정까지만이다.

학교는 학교 이미지에 굉장히 민감하다. 자기 학교 교수가 되기 위해서는 '이 정도는 되어야 한다'는 기준이 있다. 학과에서 그 기준에 미치지 못하는 사람을 후보자로 올리면 가차 없이 떨어뜨린다. 설사 이런 기준에 맞다 하더라도 학교에서 중요하게 생각하는 또 다른 숨겨진 가치가 있다. 해당 학과에 특정 학교 출신들이 너무 많다던가 등의 이유로 거부할 수도 있고, 지역적인 이유로 걸러지기도 한다.

이런 과정들을 거쳐 학교에서 최종후보자들을 재단 심사에 올린다. 보통 2명이나 3명이 올라간다. 최종후보자 중에서 한 명을 선정하는 건 재단 측의 몫이다. 즉 학교를 소유한 재단에 최종적인 교수 선발권이 있다. 학과에서 미는 것보다, 학교에서 미는 것보다, 재단에서 미는 사람이 교수가 될 확률이 압도적으로 높다. 학과, 학교에서는 이에 맞춰 전략을 짜기도 한다. '이렇게 올리면 이 중에서 재단은 누구를 뽑을 것이다, 누구는 절대 안 뽑을 것이다' 따위를 이미 예상하고 이에 따라 후보자를 올리기도 한다.

국립대학은 소유자라 할 수 있는 재단이 따로 없다. 국가 교육부가 있기는 한데 교육부는 대학의 교수 인선에 간섭하지 않는다. 따라서 국립대학은 학과에서 정하면 대부분 그대로 진행된다. 하지만 사립은 아니다. 사립은 학과보다는 재단 측 입장이 훨씬 더 중요하다. 그래서 사립대학에서는 학과에서 누구를 뽑겠다고 미리 내정하고 임용 절차를 거쳐도 별 소용이 없는 경우가 많다. 학과에서 아무리 밀어도 재단에서 안 된다고 하면 안 된다.

사실 교수 임용에는 운도 많이 작용한다. 교수는 해마다 뽑는 게 아니다. 정년퇴임하는 교수가 생겨야 신임교수를 뽑는다. 몇 년간은 전국에서 퇴임하는 교수가 별로 없어 뽑지를 않는다. 그러다 어느 순간 전국 각지 대학에서 정년퇴임을 해서 교수 자리가 많이 날 때가 있다. 이 사이클이 잘 맞으면 쉽게 교수가 되고, 아무리 자격요건이 좋아도 이 사이클이 맞지 않으면 교수 되기는 힘들다.

또 학과 측에서 무조건 뽑아야 하는 때가 있다. 모집공고를 냈는데 3번 이상 뽑지 못하면 보통 그 자리가 없어져 버린다. 좀 더 좋은 사람을 뽑겠다고 그동안 뽑지 않고 계속 미뤄왔는데, 이번에도 뽑지 않으면 교수 TO가 없어진다. 이건 학과 교수들 입장에서는 최악의 상황이다. 이때는 누구든 무조건 뽑아야 한다. 자격이 별로이든, 개인적으로 맘에 들지 않든 상관없이 그냥 뽑는다. 지원자들은 학교 내부의 이런 사정을 잘 모른다. 그래서 운이 중요하다는 이야기가 나온다. 실제로 교수 임용에는 운이 크게 작용하는 측면이 있다.

3장

교수와 학생

대학생과 교수 사이

———

필자가 대학교 학부생 1학년 2학기 때였다. 1학년 학생들끼리 학과 일에 관해 협의했고, 교수님에게 건의하고자 몇 명이 당시 지도교수를 찾아갔었다. 필자는 당시 과 부대표를 맡고 있어서 따라갔다.

지금의 지도교수는 입학 후 학생들과 면담한다. 그러나 그 당시는 그런 개념이 없었다. 필자가 학부생 시절에 교수와 개별적으로 면담한 적은 없었다. 당시 지도교수는 전공필수 교과목을 가르쳤을 뿐, 학생과의 일대일 만남이나 개인적인 대화를 거의 나누지 않았다. 지도교수가 우리를 알아볼까 하면서 교수 방문을 두드렸다. 4~5명 정도가 교수 방에 들어갔다. 그런데 우리를 보고 교수가 바로 이렇게 말을 했다.

"자네는 이○○, 자네는 김○○, 자네는 박○○, 자네는 최○○이지. 자네는 수업시간에 잘 들어오지 않는 듯하던데……. 무슨 일인가?"

필자와 함께 들어간 동기들 모두 다 놀랐다. 교수가 우리 이름을 모두 알고 있으리라 상상도 못 했다. 수업에 들어오는지 안 들어오는지 파악하고 있을 줄도 몰랐다. 참고로 당시는 수업시간에 출석을 잘 확인하지 않았다. 출석이 중요한 교양과목은 몰라도, 전공과목은 어쩌다 한번 출석을 부르곤 했다. 그런데도 교수가 이름과 얼굴을 다 알고 있었다.

나중에 대학원생이 되고 난 다음에 교수님과 개인적으로 이야기할 기회가 있었다. 1학년 때의 이야기를 하니, 이 교수님은 이렇게 말해주었다.

"그때는 내가 처음 교수가 되고, 처음 지도교수가 된 것이기에 학생들에 관해 알려고 했다. 그래서 얼굴하고 이름을 다 알고 있었지. 그런데 얼굴, 이름을 다 알고 있는 건 처음 지도교수를 맡았던 자네 학번만이다. 그 후에는 얼굴은 알아도 이름은 잘 모른다. 수업에 들어온 애들 얼굴은 알고, 수업에 들어오지 않는 애들은 모른다."

이 교수님의 말을 완전하게 이해하게 된 시기는 필자가 교수가 된 다음이었다. 교수가 되었을 때, 지도반에 배정되었다. 새로운 직장에 들어왔으니 의욕이 불탔고, 학생들과도 좋은 관계를 유지하고 싶었다. 무엇보다 학생들에게 애정이 있었다. 지도반 애들의 얼굴과 이름도 모두 알았고, 면담을 나누고 자주 대화했다. 체육대회, 축제, 종강파티 등 학생들의 행사에 참여하고 얼굴을 비추었다. 학생들이 오라고 하는 데는 웬만하면 참석했다. 친해졌다. 나 스스로 좋은 관계를 유지했다고 생각했다. 문제는 그다음이다.

학생들은 취업하고 졸업한다. 졸업 전까지는 관계가 이어지는데, 졸업하고 난 다음에는 인연이 끊어진다. 졸업한 해의 스승의 날에 찾아오거나 연락이 오기도 하지만 그것도 졸업한 해뿐이다. 그 이상의 시간이 지나면 다시 볼 일이 없다.

학교에는 계속 새로운 학생이 들어오고 1~2년 자주 만나다가 서로 다시 볼 일 없는 사이가 된다. 학생들은 자기가 학생 때 선생, 교수를 강렬하게 기억할 것이다. 학생이 대하는 선생, 교수는 몇 되지 않는다. 하지만 선생, 교수 입장은 다르다. 1년에 몇십 명의 학생을 대하는데, 이게 해마다 계속된다. 10년이 지나면 몇백 명의 학생이 지나간다. 교수가 대하는 학생은 지도반만이 아니라 수업시간에 대하는 학생도 포함된다. 학생 수가 많은 경우 한 학기만도 100명이 훨씬 넘는 학생을 거친다. 2~3년만 지나도 몇백 명의 학생들이 지나간다. 얼굴과 이름을 모두 아는 건 불가능해진다.

설사 숫자가 많더라도 앞으로 계속 알고 지낼 사람이라면 얼굴, 이름을 알려고 할 것이다. 하지만 학교에서의 인연이 오래 이어지는 상황은 없다. 수업시간에 알게 된 학생은 한 학기면 끝이다. 지도 학생이라 하더라도 졸업하면 끝이다. 단기간은 친한 것처럼 지내지만 곧 관계가 끊어질 사람, 그런 사람들하고 깊은 관계를 맺으려고 하는 건 의미 없는 짓이다. 점차 학생들과의 관계가 옅어진다.

처음 교수가 되었을 때에 만났던 학생들은 이름과 얼굴을 모두 안다. 조금 시간이 지나면 얼굴은 아는데 이름은 모르는 경우가 많아진다. 그리고 더 시간이 지나면, 수업시간에 눈에 띄는 학생들만 얼굴과 이름을 알게 된다. 그리고 계속 기억하는 건 얼굴만이다. 좀 시간이 지나면 이름을 잊는다. 대학생-교수와의 관계가 아니라 대학원생-교수의 관계가 진짜라고 하는 건 이런 이유 때문이다. 교수 입장에서 대학생은 졸업하면 끝인 단기적 관계이다. 하지만 대학원생은 다르다. 대학원생은 졸업 이후에도 계속 만날 가능성이 크다. 일회성 관계가 아니다.

대학원생 중에서 석사과정인가 박사과정인가에 따라서도 좀 다르다. 박사과정생은 학계에 입문한 인물이다. 즉 교수 입장에서 박사과정생은 한 배를 탄 존재이고, 같은 업종 같은 회사에 다니는 동료인 셈이다. 학사과정 대학생은 동료라기보다는 손님, 고객과 비슷하다. 그러나 박사과정생은 아니다. 같은 업종에 있는 사람으로서의 인간관계로 지내게 된다. 향후 교수 관련 모임이나 학계 행사가 있을 때 박사과정생은 반드시 올 것이다. 졸업한 지 오래되었어도 참석할 것이다. 대학생 출신은 분명 오지 않는다. 오라고 부르지도 않는다. 석사는 경우에 따라 다르다. 계속 인연이 이어지고 이런 자리에 참석하는 석사가 있는 반면에 졸업하고 끝인 석사도 있다. 그래서 석사는 좀 애매하다.

일반인들이 보통 교수와 학생 사이를 생각할 때는 대학생과 교수의 관계일 것이다. 교수가 학생들에게 더 관심을 기울이고, 또 교수와 학생 사이가 친하면 좋은 관계라고 생각한다. 물론 그런 교수가 좋은 교수이다. 그렇지만 이거 하나만큼은 알아두자. 학생들에게 관심을 기울이고 친하게 지내는 교수는 학생들과의 관계에 굉장히 노력하는 사람이라는 사실을. 인간관계이다 보니 잘 맞아서 친해질 수도 있으나 그건 어디까지나 소수 학생과의 관계에서만이다. 대부분 학생과 잘 지내는 것은 의식적인 큰 노력이 필요하다. 이렇게 노력하는 교수들도 있다.

또 한편으로는 이제 몇 년 있다 떠나면 더는 만날 일이 없어지는 학생들에게 특별한 관심을 주지 않는 교수들도 많다. 필자는 사실 후자였다. 필자는 연구실적과 관련해서는 괜찮은 교수였다. 강의와 관련해서도 우수강의상도 받았으니 강의능력도 나쁘지 않은 교수였다. 그런데 학생들과의 관계에서 좋은 교수였나? 그건 아닌 것 같다. 필자의 기억을 더듬어보면 교수가 된 초기에는 기억나는 학생이 많은데, 점차 시간이 지날수록 기억나는 학생이 적어진다. 초기에는 학생과의 관계가 좋은 교수였을지 몰라도, 시간이 지나면서 그런 교수와는 멀어졌다는 뜻이다. 변명하자면, 계속되는 인연의 끊어짐에 지쳤고, 이후 포기했다. 해마다 새로운 학생들과 똑같이 친밀한 관계를 형성하는 유치원, 초중고등학교 선생님, 교수들은 정말 훌륭한 선생들이라고 생각한다.

대학생들이 '취업시험'에
매달리는 이유

교수들이 가장 곤란해하는 업무 2가지를 고른다면 어떤 업무일까? 개인적인 차이는 있겠지만, 대부분 학생모집 업무와 취업 관련 업무를 곤란하게 여긴다.

취업 관련 업무라고 해도 학생들에게 취업 정보를 제공하거나 취업 관련 면담, 개인 자소서 작성 지도 등의 업무까지 싫어하는 건 아니다. 그런 건 충분히 할 수 있다. 문제는 교수에게 학생들이 취업할 곳을 발굴하라는 경우, 그리고 기업에서 취업의뢰가 왔을 때 학생들을 그 기업에 취업시키기 위해 직접 노력할 것을 요구받는 경우이다. 이건 교수가 직접 업체 사람을 만나 학생들을 취업시켜줄 것을 사정해야 할 수 있는 일이다.

교수는 평생을 공부, 연구하는 일을 해왔다. 취업 부탁은 영업 업무이다. 이런 일이 적성에 맞는 교수도 거의 없고 또 잘하기도 힘들다. 그런데 취업률을 중요시하는 학교에서는 교수가 학생들의 취업률을 높이기 위해 적극적으로 밖으로 나가서 뛸 것을 요구한다. 교수로서는 참 당혹스러운 일이다. 그런데 학교로서도 어쩔 수 없다.

대학평가에서 취업률이 굉장히 중요하다. 대학평가 지표에서도 중요하고, 공식적인 평가 지표가 아니더라도 졸업하고 취업이 잘되느냐 아니냐는 학생들의 대학 선택, 학과 선택에 큰 영향을 미친다. 취업률을 높이기 위해서 학교 측에서도 굉장히 노력하지만 행정직원들만 노력하는 건 한계가 있다. 전공에 따라 취업 전략이나 취업 공략 기업들이 모두 다르다. 전공 학과에서 적극적으로 나서주어야 한다. 또 학생들이 직접 대하는 사람들은 학교 직원들이 아니라 교수들이다. 직원이 학생들에게 이러이러한 것을 하라고 말하는 것과 교수가 직접 학생들에게 말하는 것은 무게가 다르다. 그러니 학교에서는 취업 지도에 교수들이 적극적으로 나서주기를 요구한다.

그런데 문제가 있다. 교수들이 노력한다고 취업률이 크게 달라지지는 않는다. 특히 취업 시장이 어려운 상황이라는 근본적인 한계가 있다. 2000년대 중후반에 필자는 교수가 되었고, 이때부터 취업지도를 담당했다. 이 당시는 취업지도가 그렇게 어렵지 않았다. 이때는 회사들로부터 취업의뢰가 잔뜩 왔다. 2학기 취업 시즌에는 일주일에 취업의뢰서가 필자가 소속된 학과에 몇십 개 쌓여 있었다. 중소기업만이 아니라 대기업 취업의뢰도 많았다. 단순히 학생들에게 소개해서 지원하게 하라는 수준이 아니라, 학교에서 몇 명 추천해달라는 의뢰도 많았다. 학교 추천을 받아 지원하는 경우에는 입사 확률이 높다. 조건이 별로 좋지 않은 기업들의 취업의뢰서는 거들떠보지도 않았고 취업의뢰 회사 중에서 고르고 골라서 학생들에게 연결해주었다. 은행, 증권회사 등 금융권에도 해마다 몇 명은 꼭 취업이 되었다. 대기업에 취업하는 학생들이 졸업생의 20% 정도 되었다. 취업지도라는 게 귀찮기는 해도 그다지 어려운 일이 아니었다.

그렇게 몇 년이 지나고 2010년대 중반쯤부터 취업 시장에 변화가 느껴졌다. 우선 그동안 해마다 계속되던 금융권 회사의 추천의뢰가 사라지기 시작했다. 해마다 과에서 5명 정도는 추천을 받아 취업했는데, 더는 추천의뢰가 오지 않았다. 금융권 자체에서 사람을 뽑지 않았기 때문이다. 학생들이 갈 수 있는 최고의 직장이 사라져버렸다.

대기업의 추천의뢰도 사라지기 시작했다. 2000년대 중후반까지만 해도 졸업생의 20%는 대기업으로 갔는데, 이제는 대기업 가는 학생들이 손에 꼽는다. 그리고 대기업이라 하더라도 업무의 질이 달라졌다. 이전에는 대기업으로 간다고 하면 사무직으로 갔다. 필자가 교수로 몸담았던 학과가 경영학과이니, 사무직으로 가는 게 자연스러운 일이다. 그런데 이제는 대기업에서 근무한다고 해도 프랜차이즈 가맹점들을 관리하는 업무 등 영업근로직을 맡는 경우가 많다. 학생들이 선호하는 회사라고 해서, 이런 업무까지 선호하지는 않는다.

이제는 학교에 들어오는 취업의뢰, 추천의뢰도 거의 없다. 10여 년 전에는 일주일에 몇십 개 회사의 취업의뢰가 오고 그 대부분을 쳐다보지도 않았다. 그런데 근래에는 일주일에 서너 개뿐이다. 그것도 학생을 추천해달라는 게 아니라 신입사원을 모집하니 학생들에게 소개 부탁한다는 의뢰일 뿐이다. 사람인 등 취업 사이트에 올라오는 내용 그대로 학교에 보낸다.

전에는 학교에서 학생들 취업 지도를 한다고 할 때는 회사에서 오는 취업의뢰를 학생들에게 연결해주는 게 주된 업무였다. 그런 식으로만 해도 학생들이 취업할 수 있었다. 그런데 지금은 학생들이 직접 취업하고자 하는 기업을 찾고, 그 기업에 이력서와 자기소개서를 집어넣는 과정 자체를 도와주어야 한다. 그런데 이건 지원을 하더라도 정말로 합격 가능성이 낮다. 몇십 대 일, 몇백 대 일의 경쟁을 겪어야 한다. 그러다 보니 학교에서는 교수들이 취업 일자리 알아봐 주기를 원하게 된다. 교수가 어떤 회사와 연결되고, 그 회사의 일자리를 직접 소개받아 지원하는 경우이다. 이러면 그 회사에 추천을 받아 들어가는 경우와 같이 취업 가능성이 높아진다.

교수들에게도 학창시절의 친구가 있다. 학교 친구 등은 기업에서 일하는 경우가 많고 그런 인맥을 통해 일자리를 찾아올 수도 있다. 그런데 그건 '어쩌다 한 번'이다. 몇십 개의 자리를 그런 식으로 찾을 수도 없고, 매년 그런 자리가 나지도 않는다. 하지만 학과에서는 매년 몇십 명의 학생들을 취업시켜야 한다. 교수가 매년 몇 명의 취업 자리를 가지고 오는 것도 정말로 열심히 노력하고 뛰어다녀야 가능하다. 사실 대부분 교수는 이런 업무를 제대로 하지 못한다. 그래서 '눈 가리고 아웅' 하는 식으로 취업 지도를 하게 된다. 회사에 가서 일자리를 알아보기보다는, 학생들에게 취업 원서를 더 많이 내고 취업 노력을 더 하라고 독려하는 식이다.

그런데 아무리 학생들에게 취업에 신경 쓰라고 해도 한계가 있다. 일단 신입사원을 모집하는 공고가 많기는 하다. 그런데 좋은 일자리가 거의 없다. 필자가 회사 정보를 봐도 학생들을 반드시 보내고 싶다는 생각이 드는 회사가 거의 없다. 그런 회사에 학생들이 입사하게끔 강요할 수는 없다.

회사에서 꼭 학생을 추천해달라고 의뢰가 들어오는 건 더 의심스럽다. 예전에는 회사가 더 좋은 학생, 믿을만한 학생을 얻고자 하는 의도로 학교에 추천의뢰를 했다. 그런데 요즘은 회사가 일반 사원 모집에서 사람을 구하기 힘들어서 학교에 추천해달라는 경우가 많다. 겉으로는 번지르르한데 실제 하는 업무는 단순 노동인 경우가 대부분이다. 유명 택배회사이기는 한데 진짜 하는 일은 안에서 짐 나르는 업무인 경우, 유명 주류회사이기는 한데 하는 일이 물품 배달을 하는 경우 등이다. 본인이 스스로 나서면 모를까, 학교에서 학생들에게 가라고 추천할 수는 없다.

취업 시장을 보다 보면 학생들이 공무원 시험, 공사 시험, 대기업 시험에 매달리는 이유를 알게 된다. 취업 시장에서 사람을 구하기 힘들다고 하여도 학생들이 지원을 잘 안 하는 건 이유가 있다. 일자리는 많은데 학생들이 일하기를 원하는 수준의 일자리는 정말 찾기 힘들다.

20년 전의 취업 시장, 10년 전의 취업 시장, 그리고 현재의 취업 시장은 완전히 다르다. 지금은 학생들이 열심히 노력한다고 해서 취업이 잘되는 시대가 아니다. 일단 취업에 도전할 만한 일자리가 있어야 노력에 의미가 있는 것이지, 양질의 일자리 자체가 없는 와중에 노력한다고 취업할 수 있는 건 아니지 않나? 학교는 이전보다 학생 취업에 훨씬 더 노력한다. 엄청난 인력과 자금을 쏟아붓고 있다. 그런데 취업률은 점점 떨어진다. 취업의 질도 점점 떨어진다. 대학들은 취업률 때문에 굉장히 많이 고민하나 그 성과는 고민이나 노력에 비교하자면 부족하다.

대학이 취업률에
목매는 이유

대학의 취업률은 중요하다. 그런데 사실 대학에서 취업률이 크게 중요하게 된 시기는 그리 오래되지 않았다. 물론 대학생들의 취업은 옛날부터 항상 중요한 주제였다. 그런데 2000년대 중반, 대학평가 제도가 도입되고 취업률이 대학평가에서 중요한 비중을 차지하게 된다. 이전에는 취업률을 아름아름 이야기했다. 취업률이 높은 대학은 취업률을 내세우지만, 취업률이 낮은 대학은 그저 함구했다. '대학은 학문을 연구하고 배우는 곳이지 취업 준비하는 곳이 아니다'라는 말로, 취업률이 낮아도 당당하게 대처했다. 그런데 대학평가에서 취업률이 높은 비중을 차지하면서 상황이 바뀌었다. 이제는 전국 모든 대학의 취업률이 수치로 평가되고 비교된다. 대학은 최소한 경쟁 대학들보다 취업률이 낮으면 안 되는 상황에 놓였다.

학생들의 경우는 취업률이 중요하다고 해도 일반적으로 이름이 알려진 대학, 서울권 대학, 수도권에서 가까운 대학 등을 선호한다. 취업률이 참고자료이기는 하지만 대학의 명성보다 중요한 건 아니다. 하지만 대학 입장은 좀 다르다. 취업률은 대학평가와 직결된다.

학생들이 생각하는 취업의 중요성보다 대학에서 생각하는 취업의 중요성이 더 크다.

2000년대 후반, 대학평가에서 취업률이 본격적으로 중요해지기 시작하면서 필자가 이해하기 어려운 일이 발생했다. 비수도권 대학 중에서 취업률 100%인 대학이 무척 많았다. 수도권의 웬만한 대학에서도 90% 이상의 취업률을 자랑하는 곳이 수두룩했다. 필자가 속했던 대학은 취업이 굉장히 잘되는 학교로 유명했다. 그런데도 취업률은 70% 조금 넘는 수준이었다. 필자는 지금도 학과 취업률이 80%를 넘는 것은 불가능하다고 생각한다. 매해 취업을 하지 않으려는 학생이 다수 존재하기 때문이다. 학생들 모두 졸업하면서 바로 취업하려고 애쓰는 건 아니다. 편입이나 대학원 진학 등을 위해 공부하려는 학생들이 있다. 공무원 시험을 준비하는 학생도 있고, 자격증 시험을 준비하는 학생도 있다. 이들은 어떤 좋은 기회를 얻어도 취업 원서를 쓰지 않는다. 또 그동안 계속 학교만 다녔으니 쉬겠다는 학생도 있다. 해외여행이나 워킹홀리데이를 가려는 학생도 있다. 집에서 자영업을 하는 경우, 그 사업을 돕겠다는 학생들도 있다. 이런 학생들이 내 경험상 항상 해마다 20% 이상 존재했다. 그러니 '취업률 70% 이상'의 수치란, 취업하려는 학생들이 모두 취업했다는 소리이다.

그런데 비수도권 대학 중에 취업률 100%, 90% 이상 대학이 수두룩했다. '모든 학생이 다 취업하려 하지는 않을 텐데, 저런 수치가 나올 리가 없는데….'라고 생각했었다. 취업률을 조작한다고 생각했다. 이때는 학생들의 재직증명서 제출 비율에 따라 취업률을 측정했다. 재직증명서를 내면 취업자였고 재직증명서를 내지 않으면 비취업자였다. 회사에 아는 사람이 있으면 그냥 재직증명서를 달라고 부탁할 수 있다. 대기업은 안 되겠지만 개인회사는 가능하다. 교수가 개인회사를 만들어서 학생들에게 재직증명서를 뿌릴 수도 있다.

교육부에서도 이런 문제를 인식했다. 그래서 2010년경, 취업자 산정기준을 재직증명서 제출 여부에서 직장 의료보험 가입 여부로 바꾸었다. 직장 의료보험에 가입되면 취업자고 그렇지 않으면 비취업자였다. 취업자 산정기준이 바뀌면서 필자의 대학은 수도권 취업률 1위 대학이 되었다. 당시 취업률은 70% 정도였고, 취업률 90% 이상 대학이 워낙 많았기에 취업률 1위는 전혀 기대하지 않았었는데, 가짜 취업자들이 모두 가려지면서 1위로 선정됐다. 재직증명서만 제출하는 방식에 얼마나 오류가 많았는지 말해주는 사례였다.

직장 의료보험 가입 여부로 취업자를 판단하는 방식도 완전하지 않았다. 학생들이 의료보험료를 부담하는 방식으로 기업에 부탁하면 직장 의료보험에 가입할 수 있다. 학교나 교수가 중간에서 노력하면 이를 해주는 회사를 충분히 발견할 수 있다. 정 안되면 학생들을 학교에 취업시키는 방식으로 의료보험을 내주는 일도 가능하다. 학교 입장에서는 부담스러운 조치이지만 형편없는 취업률로 대학평가에서 낮은 점수를 받아 지원금이 끊기는 일보다는 훨씬 낫다.

취업률 산정기준은 계속 진화했다. 지금은 4대 보험에 모두 가입해야 취업자로 산정된다. 그리고 졸업한 대학에 취업하는 사례는 기본적으로 취업률에 반영되지 않는다. 대학이 졸업생을 채용하는 방식으로 취업률을 높이는 걸 인정하지 않는다.

이렇게 하면 취업률이 정확하다고 할 수 있는데 여전히 구멍은 많다. 대기업 프랜차이즈 업체들은 아르바이트들도 4대 보험에 가입한다. 편의점, 영화관, 햄버거 프랜차이즈 등에서 많은 사람이 아르바이트로 일한다. 이는 평범한 의미로서의 취업이 아니지만 4대 보험에 가입되어 있으니 취업자로 산정된다. 대학에서는 이런 곳에 아르바이트라도 하라고 학생들을 종용한다. 취업자로 산정되어 취업률에 영향을 끼치기 때문이다.

다른 학교와 서로 바꿔서 취업을 시키기도 한다. 자기 학교에 취업하면 취업률에 포함되지 않지만 다른 학교에 취업하면 취업률에 포함된다. 여러 학교가 서로 다른 학교 학생들을 뽑기로 협의하면 모든 대학의 취업률이 올라갈 수 있다. 물론 정식 취업은 아니다. 취업률을 산정하는 기간까지만 고용하는 임시직이다.

해외 취업을 하면 분명 취업이기는 한데 4대 보험에 들지는 않기 때문에 미취업자로 분류된다. 국제적 인재가 되기 위해 해외취업을 하라는 이야기를 많이 하는데 대학 입장에서 외국어도 잘하는 유능한 학생이 해외취업을 하면 취업률을 갉아먹는다. 해외가 아닌 국내에서 취업하라고 말할 수밖에 없다.

교수들도 고민이 있다. 행정학과의 경우, 많은 학생이 공무원 시험을 비롯한 여러 시험을 준비한다. 재학 중에 합격하기란 어렵고 졸업 후에 본격적으로 준비한다. 그런데 졸업 후 취업하지 않고 시험준비를 하면 취업률은 낮아진다. 교수는 어떻게 해야 할까? 전공을 살리기 위해 시험공부를 하라고 해야 하나, 아니면 학과 취업률을 높이기 위해 꿈을 포기하고 그냥 빨리 취업하라고 해야 하나? 취업률에 목맨 대학의 경우 학교는 학생들에게 빨리 꿈을 포기하고 취업하라고 지도하게 된다. 자격증 공부를 하려는 학생에게도 마찬가지다. 학생들에게 꿈을 빨리 포기하라고 종용하는 교수가 우리가 생각하는 이상적인 교육자 모습은 아니다. 그런데 취업률은 대학, 학과의 생존에 중요한 요소다. 이를 어떻게 해결해야 할까?

필자도 깜짝 놀란 방법이 있다. 지방의 어떤 대학에서 시행했다는 방법이다. 취업률은 취업자 수를 전체 졸업자로 나눈 값으로 계산한다. 졸업자가 적으면 취업률이 오른다. 그래서 그 대학에서는 취업하지 못한 학생들의 졸업을 미루게 한다. 다음 학기 등록금을 장학금 방식으로 면제하면 학생에게도 손해는 아니다. '그렇게까지 해야 하냐'라는 의견도 있지만, 대학평가에서 낮은 점수를 받아 구조조정 대상이 되는 것보다는 훨씬 낫다.

취업률은 교수들에게 스트레스이다. 혹자는 취업률 스트레스는 취업률이 낮은 대학에서 문제가 되고 취업률이 좋은 대학에 있으면 별로 상관없지 않냐고 이야기하곤 한다. 그런데 그렇지 않다. 취업률이 좋은 대학의 교수가 '우리 학교 취업률은 괜찮으니 상관없다'라고 안심할 상황이 아니다. 취업률이 좋은 대학에서는 대학 내 학과끼리 경쟁을 유도한다.

A 학과 취업률이 65%라고 하자. 양호한 경쟁률이고 전국 어디에 내놓아도 부끄럽지 않다. 그런데 다른 학과 취업률이 68%, 70%라고 하면 A 학과가 해당 대학에서 꼴찌이다. 지금은 모든 대학이 구조조정의 위험이 있다. 대학 내에서 꼴찌이면 다음 구조조정에서 바로 해당 학과를 향한 불편한 이야기가 나올 수 있다. 전국 단위

순위는 중요하지 않다. 자기 대학교에서, 자기 대학에서의 순위가 중요하다. 이것이 취업률 상위 대학이라고 해도, 대학교수들이 긴장을 풀지 못하는 이유이다.

취업할 수 있는 방법

요즘 대학생들의 가장 주된 관심사는 취업이다. 사실 학생들과 면담해보면 100% 취업을 이야기하지는 않는다. 취업은 좀 나중으로 미루고 자기 나름의 길을 가려고 하는 학생들도 분명 적지 않은 비율로 존재한다. 하지만 많은 학생이 취업을 생각하는 건 분명하다.

면담 과정에서 질문할 게 있냐고 물어보면 많은 학생이 졸업할 때 어떻게 하면 취업을 할 수 있는지, 취업하기 위해서 무얼 준비하면 되는지 물어본다. 그런데 이런 질문을 들으면 좀 곤란해진다. 질문에 대답할 때마다 정말로 내가 아는 대로 솔직히 말해도 되는지 속으로 고민을 반복한다.

어떻게 하면 취업을 할 수 있는가? 이는 기본적인 질문이다. 그런데 대답하기 참 어렵다. 대학에 입학하기 위해서는 공부를 열심히 해야 한다는 정답이 있다. 공무원 시험에 합격하기 위해서는 공부를 열심히 하고 많이 외우면 붙는다는 답을 할 수 있다. 그런데 취업을 하기 위한 방도에는 정답이 없다. '이렇게 하면 취업이 잘 될 것이다'라고 단언하기가 힘들다.

일단 '어떻게 하면 취업이 잘 될까?'라는 질문에 일반적으로는 '우수한 성적'이라 답한다. 대학에서 높은 학점을 받으면 취업이 잘 될 것이니 대학에서 공부를 열심히 해서 좋은 학점을 받으려 한다. 그런데 취업지도를 하다 보면 성적이 취업과 별 관계가 없다는 사실을 알게 된다. 취업 활동을 할 때 성적이 좋은 학생들이 가장 빨리 취업하기는 한다. 그런데 취업이 빨리 되는 학생은 두 부류가 있다. 성적이 뛰어난 학생, 그리고 성적이 아주 낮은 학생이다. 성적이 낮은 학생은 일찌감치 취업 전선에 뛰어들어서 그런 것일 수도 있고, 성적이 낮으니 눈을 낮추어 지원해서 그럴 수도 있다. 어쨌든 성적이 낮은 학생도 성적이 높은 학생만큼 빨리 취업한다.

그리고 성적이 좋은 학생들이 빨리 취업하기는 하는데 그렇다고 더 좋은 기업에 취업한다는 뜻은 아니다. 기업이 사람을 뽑을 때 제일 좋은 기업이 먼저 뽑고, 그다음 기업이 그다음 학생을 뽑는 게 아니다. 기업이 사람을 뽑는 시기는 무작위이다. 성적 좋은 학생들이 먼저 모집공고를 하는 기업에 취업했는데, 그다음에 더 좋은 기업의 취업 공고를 내면 성적이 상대적으로 낮은 학생들이 그 기업에 원서를 내고 취업한다. 성적이 좋은 경쟁자들은 이미 다 취업해서 빠져나갔기 때문에, 성적이 최상위권이 아닌 학생이 좋은 기업에 취업할 수도 있다. 이러니 취업을 하기 위해서, 좋은 기업에 취업하기 위해서 학교 성적이 높아야 한다는 말을 할 수가 없다. 학교 성적과 취업 순서는 관계가 없다. 그리고 학교 성적과 이른바 '좋은 기업에 입사하기'와는 큰 관계가 없다. 대학원 진학, 유학, 편입에서는 학점이 굉장히 중요하다. 이때는 성적이 좋아야 하고 성적이 낮으면 입학이 불가능한 경우가 많다. 그건 분명히 말할 수 있다. 그런데 취업은 성적과 큰 상관관계가 없었다. 하지만 이걸 학생들에게 솔직하게 말하기도 쉽지 않다. 교수가 되어서 학생들에게 "공부 열심히 하지 않아도 돼."라고 말하는 것도 좀 그렇다. "성적이 낮다고 큰 문제가 되지는 않지만, 그래도 성적 좋은 게 더 좋긴 하다."라는 게 최선의 대답이었다.

자격증도 많이 물어본다. 자격증이 있으면 취업이 더 잘되지 않겠느냐는 질문이다. 그런데 이것도 마찬가지이다. '선배들을 보면 자격증이 있으면 정말로 취업이 더 잘되었나?' 그게 그렇지 않다. 자격증도 취업과 별 관계가 없었다. 사실 이건 어떤 자격증인가의 문제이다. 변호사, 세무사, 감정평가사, 회계사의 자격증을 가지고 있으면 취업이 잘된다. 그런데 이런 자격증은 굉장히 따기 힘들다. 몇 년 동안 정말 기를 써도 딸까 말까 하는 자격증이다. 이런 자격증 시험을 보려는 학생들은 취업에 관해 물어보지도 않는다. 이런 자격증을 취득하려는 학생은 따로 취업정보에 대한 관심 없이 이 시험에만 몰두한다. 학생들이 보통 말하는 자격증은 간단한 자격증이다. 몇 개월 열심히 하면 딸 수 있는 자격증들이다. 그런데 이렇게 쉽게 딸 수 있는 자격증은 취업 시장에서 별 도움이 되지 못한다. 취업에 도움이 되는 자격증은 분명히 따로 있다. 따기가 굉장히 힘든 자격증을 따면 취업에 도움이 된다. 그러나 따는 게 그리 어렵지 않은 자격증은 취업에 별 도움이 되지 않는다.

사실 10여 년 교수 생활을 하면서 취업에 크게 영향을 주는 요소를 발견하기는 했다. 학생들에게 대놓고 말할 수 없으나 학생들의 취업 여부에 결정적인 요소로 보인다. 안타깝게도 그건 외모이다. 이 경우는 성적도 필요 없다. 개인적으로 용모가 수려하면 더 빨리, 더 좋은 기업에 취업하는 사례를 자주 목격했다. 상대적으로 용모가 아쉬우면 아무리 성적이 좋아도 취업이 잘되지 않는다. 학업이 중요하다고 외치는 학교 입장에서는 정말 당혹스러운 결과가 아닐 수 없다. 그런데 어쩌겠는가? 이는 분명한 경험적 사실이다. 취업 지도를 2~3년만 해도 현장에서 바로 체감할 수밖에 없는 냉혹한 현실이다.

개인적으로는 외모가 정말 중요한 요소라 생각한다. 하지만 이건 학생들에게 이야기할 수가 없다. 당장 학교 게시판에서 논란 소재로 나돌아다닐 수 있다. 학생들이라고 단정한 용모의 중요성을 모르지는 않는다. 암묵적으로 모두가 다 알고 있는 사실이다. 그렇다고 요즘 시대에 외모가 중요하니 외관을 가꾸라고 말할 수는 없었다. 굉장히 뛰어나고 성적도 아주 좋은 학생이 '왜 자꾸 면접에서 떨어질까요? 어떻게 하면 될까요?'라고 물어볼 때, 필자는 정말 할 말이 없었다. 그냥 그래도 계속 넣어보라는 말밖에 할 수가 없었다.

어쨌든 오랫동안 취업하는 학생들을 지켜보다 보니, 어떤 학생들이 취업하는지는 알게 된다. 포기하지 않고 계속해서 시도하는 학생, 떨어져도 떨어져도 계속해서 이력서를 내는 학생이 취직한다. 당연한 말인 것 같은데 이게 당연하지 않다. 계속 떨어져도 계속 시도하는 학생들이 그리 많지 않다.

많은 학생이 자기는 아직 취직할 준비가 되지 않았다고 구직활동을 잠시 미룬다. 졸업할 때가 되었지만 자격증 가진 것도 없고 영어 토익 점수도 낮다. 이거 가지고는 어디에 원서를 넣을 수가 없다고 생각하니 취업을 위한 공부부터 하려고 한다. 구직활동을 하는 게 아니라 취업을 위한 준비 활동을 한다. "선배들은 자격증 없이도 취업했고, 토익 점수가 높지 않아도 취업했다."라고 말해도 설득이 안된다. 인터넷, 언론에서 취업하려면 이거저거가 있어야 한다는 말을 주워듣고서는 그런 자격을 갖추기 전에는 아예 원서를 넣지 않으려는 학생이 많다. 본인이 준비되었다고 생각하면 원서를 넣는다. 그런데 계속 떨어진다. 몇 번 떨어지는 건 몰라도 5번, 10번 실패하면 자신감이 사라진다. 취업을 포기하고 자격증 시험공부, 공무원 시험 공부로 돌아선다. 상당수 학생이 그러하다.

괜찮은 기업의 경쟁률은 10대 1이 넘는다. 그러면 10번 넣어서 한 번 붙는 게 평균이란 이야기이다. 10번 넣어서 10번 떨어지는 건 평균이다. 30번 넣어서 30번 떨어지는 것도 평균 오차 범위에 들어간다. 이상한 게 아니다. 그러니 계속 노력하면서, 계속 스스로의 가치를 높이면서 시도해야 한다. 그런데 그걸 계속하는 학생이 드물다. 많은 학생이 중간에 포기한다. 포기하지 않고 계속 취업에 도전하는 학생들은 시간이 걸려도 모두 취업했다. 포기하지 않고 계속 도전하기. 취업하는 데 가장 필요한 요건은 이러한 태도라고 생각한다.

출석이냐 실력이냐

대학에서 학생들의 성적평가는 어떻게 해야 하는 걸까? 얼마나 열심히 했나를 기준으로 해야 할까, 아니면 실제 실력이 어느 정도인가를 기준으로 해야 할까?

초등학교, 중고등학교는 단지 지식만 익히는 곳이 아니라 생활양식도 배우는 곳이다. 성인이 아니라 미성년자를 대상으로 하는 곳이고, 앞으로 사회에 진출했을 때를 대비하는 곳이다. 그래서 성적만큼 학생의 태도, 노력 등도 중요하게 평가한다. 그런데 대학은 전문지식을 배우고 익히기 위한 곳이다. 대상도 미성년자가 아니라 성년이다. 어린아이, 청소년도 아닌 어른에게 '이렇게 살아라, 저렇게 살아라' 지도하는 건 불필요한 간섭이다. 대학은 지식수준을 평가하는 곳이다. 소속 학과의 전문지식을 갖추었다고 판단되면 졸업시키고, 전문지식을 갖추지 못했다면 졸업시키지 말아야 한다. 태도가 어떻든, 얼마나 노력했든 관계없이 학생의 지식수준이 평가 기준이다. 그래서 대학에서는 학생들이 수업 출석 상태가 그렇게 중요하지 않은 게 원칙이다. 모든 수업에 다 출석했다 하더라도 시험

점수가 낮으면 F다. 마찬가지로 수업에 출석하지 않았다 하더라도 시험점수가 좋으면 A이다.

예전에는 그랬다. 출석보다는 실력이 더 중요했다. 수업에 몇 번 빠지더라도 실력이 좋고 시험 성적이 좋으면 높은 점수를 받을 수 있었다. 출석은 어디까지나 참고자료였다. 출석이 성적에 절대적인 영향을 미칠 수 없었다. 대학가의 분위기를 완전히 뒤바꾼 계기는 '정유라 사태'였다. 2016년 가을, 이른바 '최순실 국정 농단 사태'가 발생했다. 이 박근혜 - 최순실 사건은 최순실의 딸인 정유라로부터 시작됐다. 처음 박근혜 - 최순실 사태에서 뇌물 논란은 파급력이 다소 약했다. 한국 역대 정권에서 뇌물 문제는 항상 벌어지는 일이었다. 그런데 한순간에 박근혜 최순실 사건이 사회의 최대 이슈로 부상했다. 그 이유가 정유라 사건 때문이었다. 정유라가 이대에 부정한 방식으로 입학했다는 의혹이 퍼졌다. 명문대의 대학입시 비리는 학부모와 수험생들에게 엄청난 인상을 남겼다.

정유라는 승마 특기생으로 이대에 입학했다. 이 입학 과정에서의 비리가 발각되고 부정입학으로 결론 났다. 그런데 문제는 정유라의 입학에만 그치지 않았다. 정유라의 대학 생활도 파헤쳐졌다. 그러다 대학 수업에 거의 출석하지 않았음에도 좋은 성적을 받았다는 사실도 공개됐다. 기말고사 등을 치르지 않았어도 보고서 등 대체과제로 성적을 받았다. 그 보고서가 공개되면서, 인터넷에서 자료를 그대로 긁어 옮긴 리포트로 성적을 받았다는 점이 화제가 됐다.

학생이 대학 수업에 출석하지 않았는데도 졸업하는 사례에 관해서는 이전에도 이런저런 말들이 있었다. 대부분 운동선수, 연예인과 관련된 비판이다. 유명 운동선수들은 대학에 들어올 때 운동 성적으로 입학한다. 대학 수업을 온전하게 이수할 수 없다. 유명 운동선수는 1년 내내 훈련하고 시합에 나간다. 시합도 국내 시합이 아니라 국제 시합이다. 시합 순위에 목숨을 거는 운동선수들이 대학 수업에 출석해서 제대로 된 성적을 받고 졸업할 리 만무하다.

이전에도 선수들은 수업을 듣지 않았지만 졸업은 했다. 가장 대표적으로 김연아 선수도 고려대에 재학 중인 4년 동안 학교에 거의 가지 않았다. 김연아 선수가 고려대를 갈 때마다 기자들이 따라붙고 고려대는 김연아 선수를 직접 보려는 학생들로 난리가 났었다. 그렇게 고대를 졸업했지만, 아무도 그 자격을 따지지 않는다. 올림픽 금메달을 딴 선수에게 그 외 무슨 자격을 더 요구하겠는가? 대학이 실력 위주로 평가한다면 김연아는 충분히 대학을 졸업하고도 남는다.

그런데 정유라 사건은 그렇게 묻히지 않았다. 교육부 지침상 한 학기에 수업을 4주 결석하면 F이다. 그전에도 그런 지침은 있었다. 별로 신경 쓰지 않았을 뿐. 하지만 정유라 사건에서는 이런 지침들을 위반했다는 이유로 교수들이 구속되고 형사처벌을 받았다.

정유라 사건 이후 그 무엇보다 출석이 중요해졌다. 시험은 교수들의 판단에 따라 성적 및 점수가 변경될 여지가 크다. 하지만 출석은 더 잘 봐주고 말고 할 게 없다. 더구나 요즘은 학교 전산 시스템이 잘 되어 있어서 태그를 찍으면 출석, 찍지 않으면 결석으로 등록된다. 이걸 교수가 수기로 바꿀 수도 있으나 학생들은 누가 얼마나 결석했는지 서로 다 알고 있다. 결석을 많이 했는데 성적이 나온다면, 특히 좋은 성적이 나오면 바로 학생들에게서 불평불만이 들린다.

이전에는 그냥 학생들의 불만으로 그쳤을 뿐이다. 하지만 이제는 아니다. 문제가 제기되면 교수가 경찰에 잡혀갈 수 있다. 구속될 수도 있다. 아무리 학생의 사정이 어쩌고 해도 교수가 감옥 갈 위험을 각오하면서 성적을 줄 수는 없다. 이제는 아무리 성적이 좋아도 출석 점수가 나쁘면 F이다.

병원에 오래 입원한 학생이 있었다. 수술하고 입원하다 보니 4주 결석을 했다. 학교 수업은 친구를 통해서 보충했고 시험도 잘 보았다. 이때 교수가 출석 점수가 나쁘다고 성적을 낮게 주었다. 학생은 시험을 잘 보았는데 출석 때문에 점수가 낮게 나왔다고 학교에 이의를 제기했다. 결석하긴 했지만, 병원에 입원하느라 어쩔 수 없었던 것인데 교수가 이를 고려해주지 않았다고 항의했다.

이런 경우 어떻게 될까? 교수는 나름대로 이 학생을 배려한 것이다. 4주 결석이면 F를 주어야 하는데 이 학생의 성실함, 그리고 결석이 어쩔 수 없었다는 점을 인정하여 학점을 준 것이다. 이 학생은 공식적으로 문제를 제기했는데, 그러면 이 학생은 F를 받을 수밖에 없다. 4주 이상 결석했는데 사정을 고려한 교수가 잘못했으니, 이 학생은 아무리 시험을 잘 보았어도 F를 받을 수밖에 없다. 그러지 않으면 나중에 감사원 감사, 교육부 감사에서 학교의 문제로 발굴된다.

4주 결석은 F라는 게 확정적이니 1주 결석, 2주 결석, 3주 결석도 차등을 둘 수밖에 없다. 1~3주 결석은 아무 상관없고 4주 결석은 F

라면 그것도 곤란할 터. 출석에 따라 점수에 차이를 두니 비슷한 점수대에서는 출석이 중요한 요소이다. 이제는 결석 횟수가 학점에 유의미한 영향을 준다.

지금은 수업에 참석하지 않았는데 높은 점수를 받는 일은 없다. 그러다 보니 학생들은 출석에 크게 신경 쓰고 민감하게 반응한다. 자기가 출석한 것만 아는 게 아니라 자기 친구들, 주변 사람들이 얼마나 출석했는지도 계산한다. 대학은 성실한 태도를 중요시하는 곳이 아닌데, 성실하게 다니지 않으면 안 되는 곳이 되어버렸다.

대학에서는 수업 참석보다 실제 실력이 중요하다고 생각하는 필자에게 있어서 이건 정말 바보 같은 현상이다. 하지만 어쩔 수 없다. 그런 생각을 고수하다가 내가 감옥에 갈 수는 없었다. 결국 필자도 4주 결석이면 F를 고수할 수밖에 없었다. '이건 아닌데'라고 생각하면서도 따를 수밖에 없었던 일 중 하나였다.

교수가
가장 부담스러워하는 학생

　　교수에게 가장 부담스러운 학생은 누구일까? 똑똑한 학생? 공부 잘하는 학생? 교수에게 대드는 학생? 교수는 똑똑하고 공부 잘하는 학생에게는 부담을 느끼지 않는다. 학생이 아무리 잘한다고 해보았자 아직 갈 길이 한참 남았다는 걸 알기 때문이다. 예능인, 운동선수라면 자기가 가르치는 학생이 자기를 넘어서는 게 드문 일이 아니다. 이런 경우라면 가르치는 학생이 학생에 그치지 않고 경쟁자가 될 수도 있다. 하지만 학문의 세계에서는 그런 일이 벌어지지 않는다. 대학생은 학문의 세계에 입문자도 아니고 석사과정이라 해도 이제 초심자에 불과하다. 박사과정생은 같은 필드에 있다고 볼 수 있으나 여전히 한참 멀었다. 앞으로 10년, 20년 후에는 자기를 넘어서는 훌륭한 학자가 될 수도 있다. 하지만 자기 아래에서 학위과정을 밟고 있는 동안에는 교수를 넘어서는 건 절대 불가능하다. 학문의 세계는 얼마나 많은 책과 논문을 보았느냐가 절대적으로 중요하다. 대학, 대학원에서 아무리 열심히 공부한다 해도 읽은 절대적인 양적 한계에 직면한다. 학생이 아무리 열심히 한다고 해도, 학위를

딴 이후에도 몇 년 이상 계속 책과 논문을 읽은 교수보다 더 많이 읽었을 가능성은 0에 가깝다. 교수는 아무리 훌륭한 학생이라 하더라도 경쟁의식을 느끼지 않는다. 부담감도 느끼지 않는다. 어디까지나 장래가 촉망되고 기대되는 인재일 뿐이다.

교수에게 대드는 학생? 중학교, 고등학교에는 학생이 선생에게 폭력을 행사하는 일이 발생해서 사회문제가 되곤 한다. 그런데 대학에서 교수에게 대들어서 문제가 된 사례를 필자는 아직 들어보지 못했다. 일단 중등학교에서 그런 게 문제가 되는 건 선생이 학생을 혼내는 과정에서 발생한다. 중고등학교 선생은 수업만이 아니라 학생들에 대한 생활지도도 담당한다. 그런데 대학에서 교수는 생활지도하는 사람이 아니다. 그러니 학생들을 혼낼 일도 없다. 착하게 살라고 훈계하는 일도 없고, 잘못된 행동을 꾸짖을 일도 없다. 그러니 교수의 잔소리에 흥분하고 반발하는 학생도 없다. 또 대학은 고등학교까지 나름대로 성실하고 착하게 살아온 학생들이 들어온다. 문제가 발생했을 때 바로 욱하는 학생이 대학까지 들어오는 경우는 별로 없다. 중고등학교 선생 중에는 학생들이 대들까 봐 두려워하는 선생이 많지만, 대학교수가 학생들이 반발할까 부담스러워하는 사례를 목격한 적은 없었다.

그럼 교수들이 가장 부담스러워하는 학생은 누구일까? 앞서 언급했던 것처럼 직장인 학생들이다. 직장인 대상 수업, 특히 전공과 관련된 업무를 하는 직장인 학생으로 나타나면 교수는 긴장한다. 수업태도, 강의 내용이 달라진다. 교수가 수업에 가장 부담을 느낄 때이다. 현업에서 일하면서 학생으로 다니는 사람들. 그들이 교수

입장에서는 가장 껄끄러운 학생이다.

교수는 수업할 때 수업을 듣는 어떤 학생들보다 자기가 더 많이 알고 있다는 확신이 있다. 그러니 자신감을 가지고 수업을 할 수 있다. 아무리 공부 잘하고 열심히 하는 학생이라 하더라도, 지식의 절대량 측면에서 교수가 더 많이, 잘 알고 있다. 물론 교수가 모든 면에서 학생들보다 많이 알고 있다는 건 아니다. 어디까지나 전공분야에 한정해서 만이다. 다른 분야에서는 학생들이 더 많이 알고 있을 수 있다. 그러나 전공분야에 관해서는 교수가 절대적으로 더 많이 알고 있다. 사실 이렇게 학생들보다 훨씬 더 많이 알고 있어야 제대로 가르칠 수 있다. 교수가 교수로서의 권위를 가지고 학생을 대할 수 있다. 그런데 직장, 사회생활을 하는 학생에게는 다르다.

마케팅을 가르치는 교수가 있다고 하자. 어떤 학생들에 비해서도 마케팅에 관해 더 잘 알고 있다. 그런데 학생 중에 마케팅 회사에 다니는 직원이 있다고 하자. 그럼 마케팅에 관해 직원이 더 잘 알까 교수가 더 잘 알까? 그 회사원이 신입사원이면 교수가 더 잘 알수 있다. 하지만 1~2년 이상 경력이 있는 회사원이라면 분명 교수보다 마케팅 현실에 관해 더 잘 안다. 이때는 교수가 "마케팅은 이렇다."라고 말을 하면, 회사원이 "전에는 그랬는데 지금은 이렇게 바뀌고 있습니다."라는 반론이 바로 들어올 수 있다. 과거에 대한 지식은 교수가 더 많이 알 수 있다. 그러나 지금 당장 현실은 현업에 있는 사람이 가장 잘 안다. 그리고 교수는 책을 통해서 현상을 파악한다. 마케팅 분야에 오래 근무한 직장인은 몸으로 겪었다. 직접 경험한 사람 입장에서는 책으로 익힌 사람의 지식은 제대로 된 지식이 아니다.

자기가 가르치는 과목을 자기보다 더 잘 아는 사람이 학생 중에 있다는 건 교수들에게 상당한 부담이다. 이때는 그 학생을 의식한다. '저 학생이 뭐라 하지 않을까?', '직접 대놓고 말을 하지 않는다고 해도 속으로는 엉터리라고 욕하려나?', '내가 지금 제대로 가르치는 게 맞나?', '이전에는 이랬는데 지금은 바뀌지 않았겠지….' 마음속에 별별 잡념이 떠오른다.

모든 교수가 똑같이 느끼는 건 아니다. 전공에 따라서는 교수가 더 많이 알고 있는 분야도 있다. 역사, 철학 과목을 보자. 이 분야는 직장인이라 하더라도 교수가 더 많이 안다. 직장인이 이 분야에 아무리 관심을 가지고 그동안 열심히 해왔다고 하더라도 아마추어 수준에서의 관심일 뿐이다. 이 분야의 프로인 교수의 지식을 넘어서기는 힘들다. 기계공학의 경우, 아무리 기계 공장에서 일하는 직원이라 하더라도 기계공학 수학 지식을 아는 건 아니다. 이런 경우는 직장을 다닌다고 교수보다 더 많이 알기는 어렵다. 그런데 사회과학은 그렇지 않다. 예를 들어 행정학은 정부, 공무원 세계에 관해서 이야기한다. 이건 직접 정부에서 일하는 공무원들이 가장 잘 아는 이야기이다. 가끔 공무원이 행정학과 학생으로 들어온다. 정부 조직, 공무원 행태에 관해 교수보다 학생이 더 잘 안다. 이럴 때 교수는 '정부는 이렇다, 공무원은 이렇다' 등의 말을 수업 중에 할 수가 없다. 그냥 행정학 이론, 특히 한국이 아니라 외국의 이론들에 관해서만 중점적으로 이야기할 수밖에 없다. 이때 교수가 공무원 학생들보다 잘 아는 건 외국 이론들 밖에 없다. 가장 어려운 게 경영학이다. 직장인 학생들은 회사에 다니는 학생, 아니면 회사를 운영하는 학생들이다. 행정학은 공무원 학생의 경우만 문제 되는데, 경영학은 모든 직장인이 다 직접 겪고 있는 사안들이다. 박사과정, 최고경영자과정에서 교수가 생산관리에 관해서 강의한다고 하자. 일반 학생은 '아, 그런가 보다.'하고 열심히 듣는다. 하지만 대기업 공장에서 몇 년 일하면서 자기계발을 위해 학위과정에 등록한 학생에게 교수 강의란 책에서의 이론일 뿐이다. 심하게 말하면 현실을 모르는 책상물림의 헛소리일 뿐이다.

미국에서 MBA-경영대학원 교수들이 일반 교수들보다 훨씬 많은 월급을 받는 이유에는 이런 배경도 있다. 다른 전공과목의 경우에는 교수가 이전에 배운 것으로 강의를 해도 큰 문제가 없는 경우가 많다. 지금 당장 현재의 지식을 말하지 않아도 상관없다. 하지만 경영학, 특히 직장 경험이 있는 사람들이 학생으로 오는 MBA 과정에서는 과거의 지식을 말하면 큰일 난다. 경제 지표도 1년 전 인플레이션율, 이자율 등을 이야기하면 완전히 생뚱맞다. 이 분야에서는 계속해서 지식을 갱신해야 한다. 현재를 계속 점검하고 트렌드를 확인해야 한다.

다른 분야에서는 현재의 지식을 갱신하지 않을 때 부지런하지 않은 교수라는 비판만 받을 것이다. 이것도 동료 교수들의 평가일 뿐이지 학생들은 잘 모른다. 그런데 경영, 행정, 정치 이런 분야는 교수가 계속 현재 지식을 업데이트하지 않으면 형편없는 교수가 되어버린다. 동료 교수보다는 강의를 듣는 학생들에게 먼저 무식한 교수라는 비판을 받게 된다.

4장

교수와 대학원생

대학원생과 교수 사이

교수들이 생각하는 좋은 대학은 어디일까? 사실 학생들이 생각하는 대학과 별 차이 없다. 그런데 그 이유에서 차이가 있다. 학생들에게는 들어가기 어려운 대학, 입학 점수가 더 높은 대학이 좋은 대학이다. 하지만 교수들이 생각하는 좋은 대학은 대학원이 잘 운영되는 대학이다.

교수들의 주된 업무는 세 가지이다. 강의, 연구, 그리고 학교 행정 업무다. 어느 대학에 있든 강의는 다 똑같이 한다. 좋은 대학에 있는 교수는 더 열심히 좋은 강의를 하고, 안 좋은 대학에 있는 교수는 이상한 강의를 할까? 그렇지 않다. 일단 교수들이 생각하는 좋은 교수의 요건에 강의 실력은 그다지 큰 비중을 차지하지 않는다. 이는 기본만 충족하면 된다..

학교 업무는 대체로 교수들이 서로 돌아가며 하는 분담한다. 교수 수가 적은 대학은 행정적 부담이 더 크고, 교수 수가 많은 대학은 교수들의 행정적 부담이 적어진다. 보직을 맡으면 바빠지고 보직이 없으면 상대적으로 여유롭다. 행정적인 일을 잘한다고 좋은 교수가 되는 것은 아니다. 행정 일을 잘하는 교수는 학교에 큰 도움이 되는 건 분명한데, 어디서 좋은 교수라는 평가를 받게 되지는 않는다.

좋은 교수가 되는 데 필요한 중요 요건은 연구이다. 교수 세계에서 좋은 교수로 평가받고 이름이 있는 교수가 되기 위해서는 연구 실적이 필요하다. 사회에서 높은 평가를 받는 교수도 연구 실적이 많은 교수이다. 어떤 교수가 지금 연구활동은 하지 않고 외부활동만 하면서 이름이 있다고 해도, 처음 그 교수가 이름이 알려지게 된 이유는 그 교수의 연구 실적 때문이다. 사람들은 연구 실적을 보고 그 교수를 처음 찾는다. 강의를 잘한다는 이유로, 행정 일을 잘한다는 이유로, 또는 학생들에게 인기가 많다는 이유로 교수를 찾는 경우는 없다.

그런데 연구라는 게 혼자서 하기가 굉장히 힘들다. 공대와 같이 실험이 필요한 분야에서는 홀로 연구한다는 건 불가능하다. 사회과학에서는 어쨌든 혼자서 할 수 있기는 하다. 그런데 자료를 수집하고 정리하고, 분석하고 편집하고 등등의 일을 홀로 처리하는 건 시간도 오래 걸리고 힘들다. 처음에는 이런 것들을 감당하기도 하지만 나이가 들어가면 점점 더 힘들어진다. 논문을 쓰기 위해서는 아이디어가 중요하겠으나 아이디어만으로 논문이 써지지는 않는다. 수많은 잡다한 일, 시간을 오래 잡아먹는 작은 일들이 늘 만연하다.

회사 업무를 예로 들자면, 사원 대리 과장 부장 이사의 업무가 나뉘어 있다. 이사는 중대한 의사결정을 하고, 과장, 부장은 정규 업무에 관한 의사결정을 한다. 그리고 사원, 대리는 상대적으로 일상적인 업무를 수행한다. 교수의 연구는 이런 하나의 업무라고 보면 된다. 연구주제를 정하고 분석하고 결론을 내는 이사의 업무도 존재하지만, 참고문헌 하나하나를 복사하고 타자를 치는 등의 일반 사원 업무도 존재한다.

교수에게 대학원생, 그러니까 석박사과정생이 있으면 이런 업무를 분담할 수 있다. 교수 본인은 연구주제 설정 자료해석 연구결론 등에 집중하고 통계분석 편집 교정 회의실 정리 발표자료 준비 등은 학생들에게 맡길 수 있다. 그러면 훨씬 많은 연구를 수행하고 많은 결과를 창출할 수 있다. 그런데 학생이 없으면 어떻게 될까? 이 모든 작업을 다 혼자 해야 한다. 사람들은 '교수, 교수' 부르는데 사실 대학원생이 없으면 서류 한 장 복사도 스스로 혼자 해야 하는 게 교수이다. 연구실 안에 있는 쓰레기통도 자기가 비우고, 빗자루, 걸레질도 자기가 알아서 해야 한다. 아무리 나이가 많은 교수라 해도, 설사 석학이라 해도 자기 스스로 이런 일을 해야 한다. 사업으로 따지면 대학원생이 없는 교수는 1인 기업과 같다. 겉으로 보기에는 CEO라서 좋아 보이지만 실질적으로는 세금계산서를 붙이는 풀칠도 하고, 논문을 직접 찾아 출력 복사하고, 참고문헌을 찾아 타자 치는 일도 혼자 한다. 사무용품이 떨어지면 직접 문구점에 가서 사와야 하고, 사무실 청소도 알아서 해야 한다.

그래서 교수에게는 대학원생이 굉장히 중요하다. 직장 다니면서 수업만 잠깐잠깐 들으러 오는 대학원생이 아니라 전일제 대학원생, '학생으로만 있는 대학원생'이 굉장히 중요하다. 그런 대학원생이 있어서 같이 일할 수 있으면 교수는 연구를 훨씬 잘할 수 있다.

그런 대학원생이 없으면 교수가 할 수 있는 일의 범위가 크게 줄어든다.

교육계에서는 연구대학이 중요하다고 말을 한다. 대학은 원래 학생을 가르치는 일보다 새로운 지식을 창출하는 일이 더 중시되는 곳이다. 연구성과가 대학의 명성과 수준을 결정짓는다. 그런데 연구대학이 되기 위해서는 대학원생들이 많아야 한다. 교수들만으로는 절대로 연구대학이 될 수 없다. 교수 입장에서는 대학원생이 많이 지원하는 대학이 좋은 대학이다.

문제는 현재 대학에서 대학원생을 구하기가 굉장히 어려워졌다는 점이다. 사람들은 대학 들어가기가 어렵다고 한다. 아무 대학이나 들어간다면 모를까 좋은 대학에 들어가는 건 굉장히 어렵다고 말한다. 그런데 대학원은 사정이 다르다. 한국에서 대학원이 활성화된 대학은 극소수이다. 대학원생이 어느 정도 있는 대학, 그래서 교수들이 최소 한 명 이상의 대학원생과 협업할 수 있는 대학이 무척 적다. 서울권 대학의 대학원 입학경쟁률은 굉장히 높아서 들어가기 힘들다. 하지만 대학원에서 입학경쟁률이 있는 대학은 극소수다. 나머지 대학의 대학원은 대부분 정원 미달 상태이다.

서울에 있는 웬만한 대학에도 대학원 모집은 거의 미달로 끝난다. 상대적으로 부실한 평가를 받는 대학에는 대학원생 지원자가 거의 없다. 특히 박사과정은 설사 지원하는 학생이 있다 한들, 전일제 학생은 드물고 다른 직업을 가진 사람들이 자기계발을 위해 지원하는 경우가 태반이다. 이 경우 학생이기는 한데, 교수와 같이 연구를 진행할 수는 없다.

이런 실정이니 대학원생이 들어온다 해도 교수들 모두에게 배정할 수가 없다. 어떤 교수는 대학원생이 있지만, 대학원생이 없는 교수들이 더 많다. 이렇게 되면 교수들은 어려워진다. 모든 일을 스스로 혼자서 처리해야 해서 연구활동에 충분한 시간과 정성을 할애하기가 힘들다. 많은 연구 실적을 내는 게 사실상 불가능하다.

2023년 현재 네이버웹툰에서 연재 중인 〈대학원 탈출일지〉는 대학원생들의 이야기, 그러니까 교수 연구실 안에서 석박사과정생들의 이야기를 다루고 있다. 주로 대학원생들이 얼마나 일이 많고 고생하고 있는가에 관한 내용을 담고 있다. 이런 웹툰 말고도 교수가 대학원생들에게 갑질하는 이야기, 교수에게 복종해야 하는 대학원생들의 애환을 다룬 이야기는 꽤 많다. 그런데 실상 한 명의 교수 아래에 여러 대학원생이 있는 사례는 극히 소수이다. 비수도권 대학은 말할 것도 없고 수도권 대학에서도 교수에게 대학원생이 배정된 상황은 희소한 축에 속한다. 대부분 교수는 대학원생 없이 혼자 지낸다. 갑질할 대학원생이 있다는 사실 자체가 생소할 만큼 대학원의 사정이 막막하고 어렵다. 그것이 작금의 현실이다.

일하는 대학원생,
돈 버는 교수

교수의 주된 업무는 연구이다. 새로운 연구를 해서 논문을 쓰는 것이 주된 업무이고, 논문을 많이 쓰는 교수가 좋은 교수이다. 그런데 문제가 있다. 연구를 위해서는 돈이 든다는 점이다.

공대, 자연대에서 논문을 쓰기 위해서는 실험을 해야 한다. 실험을 진행하기 위해서는 실험 도구와 장비가 필요하다. 기계 하나를 사려면 간단한 기계라고 해도 천만 원이 넘어가고, 전문 PC 프로그램도 몇백, 몇천만 원을 호가한다. 우리가 일반적으로 사용하는 PC 프로그램은 몇십만 원이면 구입한다. 하지만 전문 영역에서 사용하는 프로그램은 훨씬 비싸다.

사회과학에서 많이 사용하는 연구방법은 설문조사, 면담 등이다. 10명, 100명만 조사한 설문조사라면 논문에 사용될 수 없다. 일반 국민 대상이라면 못해도 1,000명은 넘어야 한다. 그런데 그냥 1,000명으로는 안 되고, 표본추출이 제대로 된 1,000명이어야 한다. 그런 설문조사를 시행하려면 1,000만 원은 필요하다. 국민을 대상으로 한 제대로 된 설문조사를 하려면 5,000만 원은 있어야 한다.

일반 국민이 아니고 불법도박 등 특수한 주제를 대상으로 한다면 설문조사비만 1억 원이 훨씬 넘을 수도 있다.

인터뷰도 마찬가지다. 한두 명만 인터뷰하고 논문을 쓸 수는 없다. 못해도 몇십 명은 인터뷰해야 한다. 그런데 인터뷰할 사람이 연구자가 있는 장소에만 있는 것이 아니다. 전국 각지에 흩어져 있다. 몇십 명 인터뷰하면 전국을 여행한다. 교통비, 숙박비만도 적지 않은 돈이 나가고, 인터뷰하는 사람에게 사례비도 제공해야 한다.

연구를 수행하기 위해서는 돈이 필요하다. 그런데 그 돈이 어디서 나올까? 학교에서 지원을 해주나? 학교는 학생들을 가르치기 위한 장비는 지원해준다. 하지만 학생 교육 용도가 아니라 교수가 연구하기 위한 용도로는 지원하지 않는다. 교수는 자기가 알아서 연구비를 충당해야 한다.

교수가 자기 월급으로 충당하면 되지 않을까? 그런데 교수 월급은 중산층으로 살아갈 수 있는 돈만큼만 나온다. 연봉 1억 원이 넘는 교수는 거의 없다. 있더라도 나이 많은 교수들이고, 연구를 많이 하는 젊은 교수 중에는 없다고 봐야 한다. 월급 받는 사람이 1년에 1,000만 원 저축하는 건 굉장히 어렵다. 그런데 아주 간단한 설문조사 한 번 하려면 1,000만 원이 나간다. 아무리 절약하고 모아도 실험장비 하나, 프로그램 하나 사기 어려운 경우가 많다. 교수가 개인 월급만으로 제대로 된 연구를 수행한다는 건 어렵다.

석사, 박사과정에서 연구를 진행할 때는 교수가 자금을 주었기 때문에 연구 과정에서 돈이 중요하다는 사실을 체감하기 어렵다. 이때는 돈의 중요성을 안다고 해도, 돈을 잘 관리하는 중요성, 돈을 사용하는 증빙서류 등을 잘 관리하는 중요성에는 민감해질지언정 돈을 구하는 방법에 관해서는 둔감하다. 박사학위를 받고 연구원 등으로 취업해도 돈을 끌어오는 일의 중요성은 잘 모른다. 연구소에서는 연구원에게 연구비를 흔쾌히 제공해준다. 연구원 본인이 보기에 충분하지 않은 돈이라고 해도, 보고서를 쓰기에는 충분한 연구비이다.

연구비의 중요성을 알게 되는 시기는 본인이 교수가 된 다음이다. 교수가 된 다음에도 연구를 계속 해야 한다. 그런데 학교에서는 연구비를 지원해주지 않는다. 연구비를 지원한다고 해도 실제 소요되는 액수에 비하면 정말 적은 돈이다. 학교에서 주는 연구비만으로는 제대로 된 연구를 할 수 없다. 그러면 어떻게 해야 하나? 연구비를 끌어와야 한다. 가끔 학교에서 진행하는 연구비 지원 프로그램에 지원하든, 학술재단에서 공모하는 과제에 지원해서 받아오든, 기업에서 수행하는 프로젝트를 따오든, 정부 각 부처에서 발주하는 용역과제를 따오든, 어디에서든 연구비를 지원하는 과제를 쟁취해야 한다. 그래야 연구에 필요한 자금을 마련할 수 있다. 연구를 도와줄 석사과정생과 박사과정생에게 줄 봉급을 마련할 수 있다.

교수가 처음 과제에 지원하는 목적은 '자신이 연구를 하기 위해서'이다. 자기 혼자 만으로는 연구를 하기 어렵다. 과제에 지원해서 자금 지원을 받으면 실험도 할 수 있고 설문조사도 할 수 있고, 석사과정생과 박사과정생 등 연구보조 인력을 고용해서 함께 연구할 수 있다. 과제 담당자로 선발되고, 그 돈으로 자기 연구에 참여할 석박사과정생을 끌어온다. 과제 연구비에는 이들을 위한 인건비가 포함되어 있다. 석박사과정생들을 데리고 같이 연구하기 시작한다. 대학원생과 교수와의 관계가 시작되는 것이다.

대학원생은 교수에게 돈을 지원받으면서 그 교수의 연구팀 소속이 된다. 교수는 등록금, 생활비 등을 지원하면서 이들이 생계는 걱정하지 않고 연구할 수 있도록 한다. 교수가 등록금, 생활비를 모두 지원하면 대학원생들은 종일 연구에 몰두할 수 있다. 만약 교수가 등록금이나 생활비 둘 중 하나만 지원한다면, 대학원생들은 종일 연구실에서 지내지는 않는다. 일종의 프리랜서처럼 특별한 일이 있을 때만 지원을 하고 보통 때는 자기 생활을 한다. 만약 등록금, 생활비 어느 것도 지원하지 않는다면? 그런 상황에서는 교수와 대학원생 관계가 일반 대학생과 교수의 관계와 다르지 않다. 일이 있을 때만 찾는 관계가 된다. 아무리 교수라 해도 돈도 주지 않으면서 대학원생에게 일을 시킬 수는 없다.

처음 시작은 좋다. 그런데 조금 지나면 문제가 발생한다. 과제는 평생 계속되는 게 아니다. 길어야 1년이다. 어쩌다 몇 년짜리 프로젝트가 나오기는 하지만 그런 일은 드물다. 이 과제가 끝나면 어떻게 되나? 그러면 지원금도 끊긴다. 지원금이 끊기면 석사과정생과 박사과정생은 어떻게 되는가? 이들에게 줄 돈이 없어진다. 10만 원, 20만 원이면 교수가 자기 돈으로 봉급을 지급할 수도 있다. 그러나 그들의 인건비는 1인당 백만 원이 넘는데, 이를 몽땅 교수 월급으로 감당할 수가 없다.

교수는 이 돈이 언제까지 들어오는지, 언제부터 돈이 끊기는지 알고 있다. 이때부터 교수의 가장 중차대한 업무는 돈을 끌어오는 일이 된다. 어디의 과제이든, 무슨 과제이든, 어떻게든 과제를 따서 돈을 끌어와야 한다. 그러지 않으면 자기가 데리고 있는 대학원생들을 모두 방출해야 한다. 돈도 주지 않으면서 대학원생을 붙잡고 있을 수는 없다. 교수가 돈을 주지 않으면 대학원생들은 어디선가 돈을 벌어야 생계를 유지할 수 있다. 집에서 경제적으로 아낌없이 지원하는 부유한 배경의 대학원생이면 모를까, 평범한 대학원생은 연구실을 나가서 본인 생활비를 벌어야만 한다.

학교에서 이런 대학원생들에게 장학금을 지원해주면 되지 않을까? 교수가 돈을 끌어온다는 건 학교에서 주는 이런 장학금도 포함해서 하는 말이다. 대학은 등록금을 받아서 유지하는데, 대학생도 아니고 대학원생들에게 이런 장학금을 아무런 조건없이 제공하지는 않는다. 반드시 그 지도교수가 무언가 노력을 해야 하고, 또 모종의 희생을 감수해야 받을 수 있다.

결국 교수의 가장 큰 업무는 어디선가 연구비를 따오는 일이 된다. 처음에는 자기가 연구를 제대로 하기 위해 연구비를 따왔는데, 어느새 연구는 뒷전이고 계속해서 연구비 따오는 작업이 가장 중요한 업무가 되어버린다. 처음에는 자기 연구를 위해서 대학원생들을 고용했는데, 어느 순간 대학원생들에게 계속 돈을 주기 위해서 밖에서 돈을 끌어와야 하는 존재가 되어버린다. 대학원생들은 연구실에서 따온 과제를 수행하고, 교수는 다음 과제를 따기 위해서 바깥으로 돌아다닌다.

대학원생들이 보기에 지도교수는 아무것도 하지 않고, 딴 일만 한다. 연구는 자기들이 다 하는데 교수가 모든 명예를 가져가니 억

울하다고 생각할 수도 있다. 하지만 알고는 있자. 교수에게 중요한 것은 돈이다. 대학원생들을 데리고 있는 교수에게 중요한 업무는 자금을 확보하는 일이다. 대학원생들에게 등록금과 생활비를 계속 지원하는 업무가 가장 중요하다. 처음부터 이를 의도한 건 아니지만, 하다 보면 그렇게 되어버린다. 교수는 본인이 좋아서 바깥으로 나도는 게 아니다. 교수는 누구나 처음에는 연구를 하던 사람이다. 그런데 지금은 연구는 뒷전이고 프로젝트를 따기 위해 노력하는 사람이 된다. 그래서 프로젝트를 많이 하는 교수는 보통 이렇게 생각한다.

'내가 지금 뭐 하고 있는 거지….'

언제부터인가 본말이 전도되었다는 걸 느낀다. 하지만 이제 어쩔 수 없다. 계속 돈을 구해야만 한다. 그래야 지금 연구실을 유지하고, 자신과 함께 연구를 수행하는 대학원생들의 삶과 미래를 지킬 수 있다.

인건비를 빼돌리는 교수?

가끔 언론에 교수 비리로 나오는 문제들은 두 가지이다. 하나는 논문 표절이고 다른 하나는 연구비 횡령이다. 연구비 횡령 중에서도 경찰이 개입하고 교수가 법적 처분을 받을 정도까지 문제가 되는 건 주로 인건비 횡령이다.

연구비에는 연구 책임자인 교수만이 아니라 공동연구원, 석박사과정생 등 연구에 참여하는 사람들의 인건비까지 포함되어 있다. 처음 연구계획서를 만들 때부터 미리 인건비를 책정한다. 예를 들어 A라는 박사과정생에게는 월 200만 원, B라는 석사과정생에게는 월 150만 원을 지급하기로 미리 정하고 이후 이대로 지급해야 한다. B에게 150만 원을 주기로 했는데 100만 원만 주고 50만 원은 교수가 가져갔다면 이건 심각한 횡령범죄가 맞다.

사실 지금은 '석사생 B에게 150만 원을 주기로 되어 있는데 100만 원만 주는 방식'은 할 수 없다. 현금으로 줄 수 없고 B 명의의 통장에 150만 원을 정확히 보내야 한다. 요즘 연구비 정산은 굉장히 엄밀하다. 특히 인건비를 빼돌려서 지급하지 않는 건 불가능하다. 하지만 연구비를 빼돌리는 방법은 존재한다. B 명의의 통장으로 150만 원을 지급하는데, 이 돈을 B가 뺄 수 있는 건 아니다. 이 통장을 연구실이 관리한다. B에게 지급된 150만 원이 실제 B가 쓰는 게 아니라 교수나 연구실이 사용한다. 교수가 대학원생의 인건비를 횡령했다는 사건은 대체로 이런 사례이다.

이런 일이 들통나면 언론에 나오고 교수는 연구비 횡령 교수가 되어 법적 처벌을 받는다. 교수는 재판에서 금고 이상의 실형을 받으면 교수직을 그만두어야 한다. 그리고 횡령은 실형이 나오기 쉬운 범죄이다. 사람들은 그 교수를 가여운 대학원생의 인건비를 횡령한 비리 교수로 생각한다. 그러나 명목상 법을 어긴 것은 사실이라 하여도 이것이 그렇게 간단한 이야기가 아니다. 개인직으로는 실질적으로 법을 어긴 것이라고 하기도 힘든 사례가 많다고 본다.

자기 연구실에 대학원생들을 데리고 있는 교수는 이 대학원생들에게 등록금과 월급을 지급해야 한다. 아직 연구실이 활성화되지 못한 경우 둘 중 하나만 지불하기도 한다. 하지만 종일 이 대학원생들에게 연구업무를 시키기 위해서는 둘 다 지급해야 한다. 그런 돈은 주로 프로젝트 연구 외주를 수행할 때 받는 지원비로 충당한다.

그런데 문제가 있다. 프로젝트는 정기적이지 않고 안정적이지 않다. 어떨 때는 동시에 3개, 5개가 굴러갈 수도 있으나 어떤 때는 하나도 없다. 그리고 프로젝트마다 지원받는 금액이 다르다. 어떤 프로젝트는 석사 대학원생에게 월 150만 원을 지급하고, 또 어떤 프로젝트에서는 월 100만 원만 지급하기도 한다. 그러면 교수 연구실에서 이 학생에게 등록금과 월급을 지급하는 방식은 두 가지가 있다. 하나는 서류상, 그러니까 공식상 규정한 지급 방식이다. a 프로젝트에서 160만 원, b 프로젝트에서 130만 원, c 프로젝트에서 140만 원을 받기로 되어 있다면, 그 규정대로 받는다. 그러면 이번 달 월급은 총 430만 원을 받는다.

그런데 이 중 a, b 프로젝트는 이번 달에 끝냈다고 하자. 다음 달에는 c 프로젝트만 남아있다. 그럼 다음 달에는 c 프로젝트에서 나오는 140만 원만 받는다. 그런데 c 프로젝트는 다음 달 끝나고 그다음 프로젝트는 2달 후에 시작된다고 하면? 그러면 2달 동안 학생은 받는 돈이 없다. 다음 프로젝트가 시작할 때까지는 수입이 없다. 이 학생은 순차적으로 430만 원, 140만 원, 그리고 0원을 받는다. 법대로라면 이것이 원칙이다.

다른 방법이 있다. 학생에게 들어오는 돈을 연구실에서 관리하면서, 이 학생에게 매달 일정하게 돈을 지급하는 방식이다. 위에서 이 학생이 3달 동안 받는 돈 총액은 570만 원이다. 그러면 매달 이 학생에게 똑같이 190만 원씩 지급할 수 있다. 그런데 이 학생에게 나중에 등록금도 내주어야 한다. 등록금 지원금을 미리 빼야 한다. 매달 50만 원씩 빼면 이 학생에게는 매달 140만 원을 지급한다.

교수가 연구실을 운영하고 대학원생들에게 주는 돈은 자기가 프로젝트를 따와서 주는 돈이다. 그런데 이 프로젝트는 안정적이지 않다. 동시에 많이 굴러갈 수도 있고, 하나도 없을 수도 있다. 한참 동안 프로젝트를 따지 못하면 몇 달 동안 수입이 하나도 없을 수도 있다. 그러나 그때도 대학원생들에게 등록금과 월급은 주어야 한다. 어떤 학생들은 자기가 연구실에 소속되어 있으면 월급을 받고, 프로젝트를 하면 추가 인건비를 받는다고 생각한다. 그러니 프로젝트에 이름이 들어있는데 그 돈이 제대로 나오지 않으면 교수가 돈을 빼돌렸다고 오해한다. 그런데 교수는, 그리고 연구실은 프로젝트에서 지원받는 돈으로 대학원생을 채용하고 월급을 준다. 월급과 프로젝트 돈이 별개가 아니란 것이다. 프로젝트에서 대학원생에게 지급되는 돈을 교수가 빼돌려서 개인적으로 쓴다면 그건 분명 문제이다. 하지만 대학원생에게 지급되는 통장을 연구실 전체에서 관리할 때 그 돈은 모두 연구실 급여와 운영비로 사용된다. 연구비 횡령으로 교수가 고발당해도 막상 재판에서 횡령죄로 엄벌 받는 사례가 많지 않은 건 그런 이유 때문이다.

교수 연구실은 하나의 기업과 같다. 사업이 잘될 때는 직원들에게 급여를 많이 주고, 사업이 안 풀리면 직원들에게 돈을 주지 않는 식으로 하는 것보다는, 꾸준하게 일정한 금액을 제공하는 편이 직원들에게도 더 나은 거다. 참고로 한 가지 더 이야기하자. 사람들은 교수가 프로젝트를 많이 하면 교수들의 수입이 많은 것으로 생각한다. 또 액수가 더 큰 프로젝트를 하면 교수의 수입이 더 많을 것으로 이해한다. 10억 원짜리 프로젝트를 하면 교수가 그중 몇 억은 챙길 것으로 생각하기도 한다. 그러나 아니다. 프로젝트가 얼마짜리든 막상 교수가 직접 가져갈 수 있는 금액에는 한계선이 있다. 정부, 공공기관, 연구재단은 연구진이 가져갈 수 있는 금액을 규정하고 그대로 지키도록 한다. 책임연구원인 교수의 경우, 한 달에 가져갈 수 있는 돈은 330만 원이다. 프로젝트를 여러 개 한다고 해서 금액이 늘지도 않는다. 가령 프로젝트가 2개이면, 하나는 220만 원, 다른 하나는 110만 원을 받는 방식으로 진행한다. 3,000만 원 프로젝트든, 1억 원 프로젝트든, 3억 원 프로젝트든 교수가 가져갈 수 있는 금액의 최대치는 똑같다. 그리고 프로젝트에 따라서, 학교의 산학협력자금 운영방식에 따라서 교수 개인의 수입이 일절 없는 사례도 있다.

연구비를 이용해 식사를 할 수 있고, 장비를 살 수도 있고, 더 많은 대학원생을 고용할 수도 있다. 하지만 교수가 개인적으로 허비할 수는 없다. 그래서 사실 교수가 여러 프로젝트를 따오는 건 교수 개인에게 그렇게까지 좋은 일이 아니다. 버는 돈은 똑같은데 하는 일만 많아지니까. 그런데도 교수가 프로젝트를 더 따오는 것은 자기가 돈을 더 벌려고 하는 게 아니다. 할 수 있을 때 프로젝트를 수주해야 연구실이 제대로 운영되기 때문이다. 실상 교수들은 자신보다는 대학원생들을 먹여 살리기 위해 프로젝트를 따오는 것이다.

박사과정생의
논문심사

박사과정생은 박사논문을 써서 통과해야만 졸업을 할 수 있다. 중학교, 고등학교는 3년을 다니면 저절로 졸업을 하고, 대학은 졸업 요건만 채우면 졸업이 가능하다. 하지만 석사, 박사는 아니다. 몇 년을 대학원에 있든 소용없다. 마지막 논문을 써서 통과해야만 졸업이 된다. 논문이 통과되지 못하면 수료생일 뿐이다.

석사는 본인이 논문을 쓰기만 하면 통과할 수 있다. 논문 형식에 맞게 쓰기만 하면, 별다른 내용이 없어도 통과시켜준다. 물론 '쓰기만 하면 통과'라고 해서 석사논문 쓰는 일이 쉽다는 게 아니다. 박사들이 보기에 석사논문은 논문으로 보기도 어렵지만, 논문을 한 번도 안 써본 사람이 보기에는 그렇지 않다. 논문 형식에 맞춰서 글을 쓴다는 것 자체가 어렵다. 석사과정 2년을 다니고 갖은 고생을 해야 석사논문을 쓴다. 석사과정생의 입장은 그렇지만, 박사, 교수들이 보기에는 아직 제대로 된 논문은 아니다. 단지 석사과정생에게 큰 기대를 하지 않기 때문에 논문 형식에 맞춰서 써오기만 하면 통과시키고 졸업시켜준다. 만약 석사논문을 다 썼는데도 통과가 안 되었다고 하면 그건 그 논문에 뭔가 심각한 문제가 있다고 봐야 한다. 교수들은 석사논문에 관해 별 관심이 없는데, 그런데도 통과시키지 않았다는 건 그게 논문이라고 보기 어려워서다.

문제는 박사과정생의 논문심사이다. 학생들이 교수가 논문을 통과시켜주지 않아서 문제라고 할 때, 이는 대체로 박사과정생의 이야기이다. 박사과정생은 아무리 못해도 3년, 보통 5년이고 길면 10년까지 대학원에서 시간을 보낸다. 빨리 논문을 써야 졸업을 할 수 있어서 논문 쓰는 것에 몰두한다. 그렇게 열심히 논문을 써서 교수에게 가져갔는데, 교수는 계속 트집만 잡는다. 어디가 잘못되었다고 지적질은 하는데, 그래서 어떻게 하라는 구체적인 지시는 하지 않는다. 주변 박사과정 동료들에게 자기 논문을 검토해달라고 하면 다 좋다고만 한다. 훌륭한 논문이고 박사논문으로 충분하다고 말을 듣는다. 그런데 지도교수한테 가져가면 깨지기만 한다. 박사과정생은 이 교수 때문에 졸업할 수 없다. 교수를 원수로 여기게 되는 과정이 으레 이렇다.

교수가 박사과정생을 졸업시키지 않는 이유는 무엇일까? 보통은 하단의 글처럼 예상할 것이다.

박사과정생은 일을 많이 한다. 그런데 졸업하고 나면 일할 사람이 없어진다. 그러니 교수는 박사과정생의 졸업을 최대한 늦추려고 한다. 그래야 자기가 계속 일을 시킬 수 있기 때문이다. 아니면 교수가 박사과정생을 좋아하지 않기 때문이다. 그래서 계속 말도 안 되는 트집을 잡고 졸업을 안 시킨다.

이는 모든 박사과정생들에게 공통적으로 듣는 이야기이다. 그래서 대학원생 커뮤니티에는 논문을 통과시키지 않는, 박사과정생을 졸업시키지 않는 교수들을 향한 비판이 정말로 많다. 필자 본인도 그랬다. 박사논문을 통과시키지 않는 지도교수와 심사교수들 때문에 섭섭했고 힘들었다.

필자는 행정대학원에 입학한 이후 6년 반 만에 행정학 박사학위를 받았다. 그리고 교수가 되었고, 교수로서 박사학위 논문심사에도 참여했다. 학위논문 심사도 하고, 학회지의 논문심사 담당도 많이 맡았다. 또 교수가 된 다음에 다른 전공으로 박사과정을 밟았다. 거기서 다시 경영학 박사논문을 써서 2개의 박사학위를 가지게 된다. 그 과정을 거치면서 확실히 깨달았다. '박사과정생이 박사논문을 제대로 잘 썼는데 교수가 일부러 통과시키지 않는다'라는 이야기는 정말 말도 안 되는 이야기이다. 박사과정생에게 일을 더 시키기 위해서 졸업을 미룬다는 것도 말이 안 된다. 박사과정일 때 좋은 논문이라고 썼던 것이 교수들의 눈에 어떻게 보였을지 이제는 가늠이 된다.

일단 알아두어야 할 것이, 박사학위는 좋은 논문을 썼다고 주는 게 아니다. 박사논문은 박사과정생이 생전 처음 쓰는 것이다. 생전 처음 쓰는 게 어떻게 좋을 수 있나? 이 세상 어떤 일도 생전 처음 한 일이 우수한 질을 갖춘 경우는 없다. 처음 쓴 박사논문이 유명한 이론이 된 경우가 있기야 하지만 그건 세계적인 석학 중에서도 극소수나 겪는 일이다. 박사논문은 한 학자가 쓴 논문 중에서 가장 질이 안 좋을 수밖에 없는 것이다. 학위를 받은 다음에 논문을 거의 안 쓰면 박사학위 논문이 자기가 쓴 논문 중에서 가장 좋은 논문이 될 수도 있겠지만 논문을 많이 쓰는 사람에게 있어서 박사학위 논문이 최선의 작품이 될 수는 없다.

박사학위는 '스스로 혼자서 연구를 할 수 있다는 자격'이다. '다른 사람의 지도 없이 혼자서 충분히 연구를 수행할 수 있다는 자격증'이 바로 박사학위이다. 박사과정에서는 교수의 지도 하에 논문을 쓴다. 주제 선정, 방법론, 결론 등에 관해 교수의 조언을 받는다. 하지만 박사학위를 받으면 교수의 지도 없이 혼자서 감당해야 한다. 학위를 받은 사람은 혼자 논문을 써서 학회지 논문에 게재할 수 있어야 한다.

박사학위를 받으면 기업에는 취업할 수 있다. 그런데 학계, 연구 분야는 박사학위만으로는 부족하다. 학술지에 논문을 게재해야만 취업이 되고 살아갈 수 있는 곳이 학계이다. 박사학위는 받았는데 학술지에 논문을 게재하지 못하면? 그러면 도태된다. 학계, 연구계는 누구나 다 박사학위를 가지고 있다. 학술지 논문이 없으면 학계 누구도 그 사람을 인정하지 않는다.

즉 박사학위는 논문을 어떻게 쓰는지 확실히 알고, 이후에 학술지 논문을 혼자서 문제없이 쓸 수 있는 사람에게 주어야 한다. 박사학위는 바로 그걸 보여주는 징표이다. 그러니 학술지 논문을 혼자서 쓸 수 있는 사람에게는 학위를 주고, 논문을 혼자서 쓸 수 없는 사람에게는 주지 말아야 한다. 박사과정을 오래 다녔다고 학위를 받을 수 있는 게 아니다. 교수 아래에서 열심히 일했다고 줄 수 있는 것도 아니다. 논문이 무엇인지 알고 혼자서 논문을 쓸 수 있어야 교수가 박사학위를 줄 수 있다. 그런데 이게 힘들다. 박사학위를 받고 학계로 나가면 그때부터는 프로이자 전문가 취급을 받는다. 즉 박사학위는 아마추어냐 프로냐를 구분하는 징표이다. 아무리 바이올린을 잘 켠다고 해도 아마추어와 프로와는 현격한 차이가 있다. 아마추어 사이에서 아무리 잘 켠다고 칭찬을 받아도 프로가 되는 것과는 비교할 수 없다.

박사과정생이 보기에는 충분한 논문이다. 왜 교수가 통과시키지 않는지 이해가 되지 않는다. 교수가 졸업시키기 싫어서 억지로 트집을 잡는 것으로만 보인다. 그런데 분명히 말하자. 필자가 박사학위 논문심사를 다니면서, 제출된 박사논문 심사본을 보고 한 번도 좋은 논문이라고 생각해본 적이 없다. '학자의 양심을 걸고 이걸 통과시켜야 하나'라고 의심했던 논문이 대부분이다. 하지만 지도교수와의 관계, 그리고 졸업하고자 하는 학생의 사정 때문에 그냥 넘어갔었다..

박사과정생들은 아마추어 시각에서 논문을 본다. 하지만 교수는 프로의 시각에서 논문을 본다. 박사과정생들끼리, 그러니까 아마추어들끼리 서로 좋은 논문이라고 인정하고 칭찬해도, 박사학위 논문으로 통과되기는 어려운 이유이다. 박사논문으로 충분한데 교수가 트집 잡느라 통과시켜주지 않는다고 생각하지 말아야 한다. 이렇게 잘 쓴 논문을 왜 교수가 몰라주느냐고 하지도 말아야 한다. 교수들의 시각으로 볼 때 박사논문을 보고 '이 논문 정말 훌륭하다, 바로 박사학위 주어야 한다'라고 생각되는 논문은 99% 없다고 봐야 한다. 그냥 논문이기만 하면, '이 사람이 앞으로 혼자서 학술지 논문을 충분히 쓸 수 있겠다' 싶으면 통과시킨다. 그게 교수들의 입장이다.

박사과정과
박사학위의 의미

박사논문은 이 사람이 혼자서 충분히 연구를 할 수 있다는, 혼자 혹은 본인이 주도해서 학술지에 논문을 실을 수 있다는 자격증이다. 그러니 박사논문을 쓴 사람은 이후에 혼자서 학술지에 논문을 실을 수 있어야 한다. 이런 측면에서 현재 한국의 박사학위는 심각한 문제가 있다.

학술지에 논문을 실을 능력이 안 되는 박사들이 대거 배출되고 있다. 지금 한국에는 박사학위가 양산되고 있다. 1년에 1만 6,000명 정도의 박사학위자가 나온다. 이걸 보고 지금 한국의 연구 능력이나 지적 성취를 세계적인 수준이라고 오판해서는 안 된다. 박사학위를 가진 사람은 많이 나오는데, 정작 학술지에 논문을 쓸 수 있는 사람은 그렇게 많지 않다. 아직 논문 쓸 능력이 없는 사람들에게 박사학위를 남발하고 있다.

그럼 교수들이 문제인가? 논문심사 교수들이 이 박사과정생이 아직 실력이 안 되고 논문도 부족한데 그걸 모르고 학위를 주고 있나? 그렇진 않다. 교수는 박사논문을 쓰고 학술지 논문 몇 편을 쓴

다음에 교수가 된다. 그리고 교수가 된 다음에도 재임용, 승진하기 위해서 계속해서 학술지에 논문을 실어야 한다. 즉 교수는 학술지 논문의 전문가들이다. 교수들은 박사과정생이 박사학위 논문이라고 제출한 것이 어느 정도 수준인지 금방 안다. 혹자는 교수들이 논문을 제대로 읽어보지도 않고 심사한다고 불평도 하지만 사실 논문을 처음부터 끝까지 모두 읽어볼 필요는 없다. 목차와 서론 결론 그리고 방법론을 대강 살펴만 보면 이 논문이 어떤 수준인지 금방 안다. 최소한 해당 논문이 박사학위로서 충분한지 아닌지, 학술지에 실릴 수 있는지 없는지는 쉽게 알 수 있다. 축구팀의 실력을 파악하기 위해서 90분 경기 모두를 볼 필요는 없다. 패스, 슛, 달리기를 5분만 보면 대강의 수준은 금방 알 수 있는 거다. 심사 교수들은 학생의 박사학위 논문이 아직 제대로 된 수준이 아니라는 것을 알면서도 그냥 통과시키는 것이다.

그럼 왜 수준 미달인 박사학위 논문을 통과시킬까? 주요한 이유 중 하나는 전일제 학생이 아닌 파트타임 학생들, 그러니까 직장을 가지고 있으면서 박사과정을 다니고 있는 사람들 때문이다. 지금 이른바 '명문대 박사과정'은 모를까, 대부분 대학의 박사과정생은 거의 다 직장을 다니고 있는 사람들이 온다. 대학을 졸업하고, 대학원에서 석사를 졸업하고 바로 박사과정으로 진학하는 학생은 거의 없다. 설사 그렇게 바로 진학을 한다고 하더라도 상위권 대학원으로 향한다. 물론 명문대에도 직장인 박사과정생들이 있다. 자기계발을 위해서, 직장 업무에 도움이 되기 위해서, 또는 나중에 대학에서 강의를 하기 위해서 등등의 이유로 박사과정으로 진학한다.

이들은 자기 업무 분야에 전문성이 있다. 교수들보다 훨씬 많이 안다. 그래서 이 사람들은 박사과정 수업을 모두 다 들으면 바로 논문을 써서 졸업할 수 있을 것으로 생각한다. 그런데 박사논문은 무언가를 많이 안다고 주어지는 것이 아니다.

박사논문이 되기 위해서는 두 가지 조건이 필요하다. 첫째, 그동안 세상에 없는 새로운 지식이어야 한다. 둘째, 방법론과 형식에 논문이라는 체제에 부합해야 한다. 직장인 학생들은 굉장히 많이 알고 있다. 그런데 그게 본인만 가지고 있는 새로운 지식은 아니다. 교수들보다 많이 알고 있다는 것이지, 대부분 그 분야의 사람들은 다 알고 있는 지식이다. 그건 박식한 것이지 논문에 담을 재료가 아니다. 가장 큰 문제는 논문으로서의 형식이다. 적합한 형식을 구성해야 하는데, 논문에 익숙하지 않은 사람은 이 점이 어렵다. 대부분은 논문이 아니라 보고서를 써온다. 보고서는 지식을 정리한 무언가다. 모르는 사람들이 보기에는 이게 논문으로 생각되지만 절대로 논문이 될 수 없다.

박사과정에서는 2년 동안 강의를 듣는 시간이 있다. 2년의 수업이 끝나면 논문 제출 자격시험을 치르고, 논문을 쓰겠다고 프로포절proposal✦을 제출한다. 문제는, 논문을 써서 가져와야 하는데 논문이 아닌 것을 가져온다는 점이다. 보통은 보고서를 가져온다. 이때부터가 진정한 박사과정의 시작이다. '열심히 공부하고 논문을 쓰

✦ 본문에서 쓰인 '프로포절'은 박사논문의 주제가 무엇인지, 어떤 방법으로 작성할 것인지를 밝히는 연구계획서를 의미한다. 이것이 통과 승인을 받아야 본격적으로 논문을 작성할 수 있다.

는 학생'과 '빨리 졸업을 시켜주지 않고 쓸데없는 트집만 잡는 교수'
와의 갈등이 시작된다.

설사 보고서가 아니라 논문으로 가져왔다 해도 마찬가지이다. 형
식만 논문일 뿐 학술지에 게재되기에는 어림도 없는 내용이다. 학
생이 보기에는 특별한 문제가 없다. 선배들이 쓰고 나간 논문하고
별 차이도 없다. 그런데 교수는 계속해서 딴죽을 건다. 교수 때문에
졸업이 지연된다고 오해한다.

교수는 학생들이 자기에게 불만을 품었다는 걸 안다. 자기 때문
에 졸업 못 한다고, 계속 트집만 잡고 있다고 교수를 비난한다는 사
실을, 교수도 알고 있다. 교수 역시 박사과정일 때 그랬으니까, 스스
로 경험한 일이니까. 그걸 모를 수가 없다. 이때 교수는 갈림길에서
고민한다. 이대로 그냥 졸업을 시킬까, 아니면 제대로 박사 수준이
될 때까지 잡고 있을까?

직장인 박사과정생에게는 관대해진다. 이 사람은 박사학위를 딴
다음에 연구자로 살아갈 게 아니다. 앞으로 계속 논문을 쓰면서 살
아갈 사람이 아니다. 자기 업무에서 박사학위가 필요한 것이다. 그
렇다면 형식만 맞고 대강 내용만 맞으면 졸업해도 큰 문제는 안 된
다. 나중에 대학에서 강의하는 걸 목적으로 할 수 있는데, 이때도 박
사학위만 있으면 될 일이다. 논문을 쓸 필요는 없다. 그래서 그냥 박
사학위를 준다. 아직 논문을 제대로 쓸 수 없고 진짜 박사 수준으로
볼 수 없음에도 박사가 된다. 현재 한국의 박사는 대부분 이렇게 탄
생한다. 박사는 많지만 제대로 된 박사가 아닌 셈이다.

전일제 학생의 박사과정은 좀 더 엄격하다. 이 학생들은 졸업 후

에도 계속 논문을 써야 한다. 박사학위는 따고 논문은 못 쓴다면, 졸업 후 연구자로 살아갈 수 없다. 이때는 아무리 학생이 교수 욕을 하더라도, 학생이 매번 졸업에 실패해 절망에 빠지더라도, 쉽게 졸업을 시킬 수는 없다. 무조건 일정 수준 이상이 되어야 한다.

그러나 어떤 교수는 이런 전일제 학생도 그냥 졸업시킨다. 오래 챙기기 어렵고, 본인이 안식년이나 정년퇴임 등의 사정이 생겨 빨리 내보내야 할 때가 있다. 또 졸업 기한이 차서 졸업을 시키기도 한다. 유럽, 미국의 대학에서는 어떤 사정이 있어도 수준 미달의 박사과정생을 졸업시키는 일이 극히 드물다. 미국 대학에서 박사과정생 중 박사학위를 받는 비율이 30%도 안 되는 건 그런 이유 때문이다. 하지만 한국 사람들은 인정이 있다. 수준이 부족해도 졸업시킨다. 학생은 졸업이라고 좋아한다. 하지만 한 가지는 분명히 알고 있어야 한다. 그렇게 박사학위를 쟁취한 이후에는 일이 풀리지 않는다. 한국에서 '박사 백수'가 증가하는 원인이 바로 이것이다.

학생들은 빨리 졸업하기를 원한다. 2년 수업을 듣고 그다음에 가능하면 1년 이내에, 늦어도 2년 이내에, 그러니까 4년 이내에 졸업하기를 바란다. 아주 빨리 졸업하면 이렇게 할 수도 있다. 하지만 교수들은 빨리 졸업하는 걸 바라지 않는다. 더 공부하고 늦게 졸업하기를 바란다. 설사 지금 박사학위 논문을 쓸 수 있는 실력이 있다 하더라도 좀 더 박사과정으로 있기를 바란다. 학생들은 교수가 빨리 졸업시키고 싶지 않아서, 일을 더 시키기 위해서라고 오해한다.

필자도 빨리 졸업하기를 원했다. 하지만 그 후 연구자로, 교수로 살다 보니 알게 됐다. 학위를 빨리 받는 건 절대 좋은 게 아니다. 빨리 박사학위를 받는다는 건 박사과정에서 그것 하나만 공부했다는 뜻이다. 연구자로 활동하려면 박사학위를 받은 다음에 계속 다른 논문을 작성해야 하는데, 다른 주제에 관해서는 내공이 부족하다. 다른 주제는 처음부터 다시 공부해야 하니 논문이 제대로 나오지 않는다. 박사과정에서 오래 헤맨 사람은 박사학위 이외의 주제에 관해서도 아는 게 많다. 박사눈문을 쓴 뒤에 계속해서 다른 주제로 논문을 쓸 수 있다.

박사학위를 받은 후에도 박사과정 때처럼 오랜 시간 공부할 수 있다면 별 상관없을 것이다. 그런데 학위를 받은 다음에는 공부시간이 아무래도 줄어든다. 박사과정에서처럼 공부할 수 없다. 박사과정을 오래 경험해야 연구자의 내공이 쌓인다. 학위는 늦어져도, 학위를 딴 다음에 더 제대로 활동할 힘이 쌓인다. 그래서 필자도 박사과정 학생들을 만나면 빨리 졸업하려고 하지 말라는 말을 한다. 당연히 박사과정 학생들은 귀 기울이지 않는다. 늦게 졸업하는 게 오히려 낫다는 교수의 이런 말은, 졸업을 희망하는 박사과정생들에겐 헛소리일 뿐이다. 그러나 어떻게 하겠는가? 박사과정에서 오래 공부하는 게 연구자로서 살아가는 데 유리하면 유리했지, 나쁜 게 아니라는 걸 필자는 실감하고 있는데 말이다.

공동 저자란 무엇인가?

박사과정생이 쓴 논문에 교수가 공저자로 들어가는 사례가 가끔 사회적인 문제로 대두된다. 박사과정생이 열심히 논문을 써서 학술지에 게재했는데, 이때 교수가 공저자로 등록되는 경우가 많다. 박사과정생은 박사학위를 받고 나서 박사논문을 요약정리하여 소논문으로 학술지에 제출한다. 이때 지도교수가 종종 논문 공저자로 등록된다.

박사과정생이 아직 학생일 때 쓴 논문에 교수가 공저자로 들어가는 건 그렇다 치자. 박사과정생이 논문에 관해 잘 몰라서 교수와 같이 의논하고 방향을 잡아서 썼을 것이고, 교수가 논문을 쓴 부분도 있을 수 있다. 그런데 박사논문은 분명 그 학생이 혼자서 쓴 것이다. 교수가 박사논문의 문장을 대신 썼을 리는 없다. 그런데 박사논문을 학술지 논문으로 내는 경우 교수가 공저자로 들어가는 경우가 많다. 심지어 교수가 제1저자, 박사과정생이 제2저자로 등록된 경우도 있다. 박사과정생이 쓴 논문에 교수가 이름을 올리는 건 부당한 게 아닐까?

20세기의 천재 수학자 폴 에어디시$_{Paul Erdős}$*라는 사람이 있다. 그는 평생 약 1,500편의 논문을 썼다. 폴 에어디시는 교수이기는 한데 학생들에게 강의는 하지 않고 세계를 돌아다니며 논문만 썼다. 그는 자신이 아는 수학자를 찾아가서 근래에 수행하는 연구에 관해 이야기를 나누었다. 다른 수학자가 고민하는 것을 듣고, 같이 그 문제를 푼다. 며칠이든 그 교수와 같이 생활하며 종일 수학문제를 풀었다. 그 문제를 풀면 에어디시는 또 다른 수학자를 찾아갔다. 문제가 풀린 수학자는 그걸 논문으로 내고, 에어디시를 공저자로 표기했다. 여기에서 '에어디시 넘버'라는 공동 연구집단의 평가 숫자가 등장했다. 에어디시와 공동으로 논문을 쓴 사람이 '에어디시 1번'이고, 에어디시 1번과 공동으로 논문을 쓴 사람이 '에어디시 2번', 에어디시 2번과 공동으로 논문을 쓴 사람이 '에어디시 3번'이다. 숫자가 1에 가까울수록 유명한 수학자일 가능성이 크다. 이러한 '에어디시 넘버' 개념은 에어디시가 처음으로 수학계에서 활동할 때 나타났는데, 이후 타 학계나 영화계에도 적용됐다.

에어디시 넘버가 아직 유명해지기 전, 어떤 수학자가 에어디시를 만나 자신의 최근 연구주제를 이야기했다. 에어디시에게 도움을 요청한 것은 아니었다. 원래 학자들은 학회 등에서 만나면 연구주제를 거론한다. 그런데 에어디시가 그 말을 듣고, "그건 이렇게 하면 될 것 같은데…."라고 한마디를 했다. 에어디시의 도움으로 그 문제

✦ 헝가리 수학자 '에르되시 팔'은 영미권에서 '폴 에어디시'라고 부른다. 영미권과 달리 헝가리어권에서는 '성씨-본명' 순으로 이름이 구성되어 '에르되시(성)-팔(이름)'로 적는다. 본문에서는 '폴 에어디시', '에어디시 넘버'로 통일하여 표기했다.

가 풀리게 되었는데 이 수학자는 좋아한 게 아니라 속상해했다. 에어디시에게 도움을 받았으니 논문에 에어디시의 이름을 같이 올려야 한다. 단독 논문으로 할 수 있었는데, 에어디시와 공저로 내게 되었으니 아쉬워했다. 그런데 나중에 이 수학자는 이 일을 굉장히 고마워했다. 이 수학자는 에어디시와 공저로 논문을 내서 '에어디시 넘버 1' 학자가 되었는데, 그게 굉장히 영광스러운 칭호가 되어버린 것이다. 어쨌든, 이때 에어디시는 직접 논문을 쓰지 않았다. 그냥 아이디어만 제시했다. 하지만 그것만으로 에어디시는 반드시 논문에 이름이 들어가야 하는 사람이 된다. '공저자'란 그런 개념이다. 논문을 직접 썼느냐 아니냐가 아니라 그 논문에 기여한 바에 따라 공저자 여부를 결정한다.

대학원생이 교수에게 어떤 문의도 하지 않고 혼자서 논문을 생각하고, 혼자서 쓰고, 혼자서 학술지에 기고하고, 혼자서 논문 심사과정을 거치고, 혼자서 논문 게재 결정을 받아냈다면 그 논문은 대학원생 단독 이름으로 출간되는 게 맞다. 이때 단지 지도교수라는 이유로 논문 공저자로 이름이 들어간다면 부당할 수 있다. 그런데 대학원생 혼자서 이 모든 과정을 하는 경우는 거의 없다. 보통은 어떤 단계에서든 교수로부터 조언을 듣는다. '띄어쓰기가 잘못되었다.' '오타가 있다.' 등의 지적이라면 논문 공저자가 될 수 없다. 하지만 연구주제, 방법론, 방향, 결론 등에 관한 중대한 도움을 받고, 그에 따라 논문이 수정 보완되었다면 그때는 공저자가 되어야 한다.

그런 측면에서 박사논문이 학술지 논문으로 제출될 때 지도교수가 공저자로 올라가는 것은 자연스러운 일이다. 학생이 박사논문을 써서 가져오면, 교수는 그 논문을 읽고 통과 여부만 판정하지 않는다. 해당 논문의 어디가 잘못되었고 부족하니 수정 보완하라는 평가도 내린다. 논문이 완벽하면 한 번에 오케이 받을 수 있지 않을까? 이 학생은 박사논문을 처음 쓴다. 생전 처음 쓰는데 완벽한 수준으로 썼을 리가 없다. 어떻게 썼든 간에 좀 더 개선할 점이 발견된다. 정말로 흠잡을 부분이 없을 만큼 완벽한 박사논문을 작성한다면, 그 사람은 전설적이고 세계적인 학자가 될 것이다.

교수는 박사논문의 논문 주제 작성 단계에서부터 관여한다. 박사논문은 학생이 쓰고 싶다고 해서 쓰는 게 아니다. 먼저 '이런 주제로 이런 방법으로 논문을 쓰려한다'라고 프로포절부터 만든다. 이 단계가 통과되어야 본격적으로 논문을 쓰기 시작한다. 즉 주제 선정에서부터 이미 교수의 입김이 들어가 있다는 이야기이다. 이 정도만 해도 논문에 교수가 공저자로 표기될 수 있다.

기존 교수들, 연구진들 사이에서도 공저자 표기에 민감한 건 마찬가지이다. 교수들이 서로 연구를 한다면, 공저자 등록 여부는 굉장히 민감한 사안이 된다. 공저자로 표기되어도 '제1저자 – 제2저자 – 제3저자' 자리에 각각 누가 들어가는지도 무척 예민한 화두가 떠오른다. 여기서 문제가 풀리지 않으면 공저자들이 서로의 원수가 된다. 교수와 대학원생 사이가 차라리 느슨한 편이다. 원칙적으로 박사학위 논문을 학술지에 게재할 때는 그 공헌도를 고려하면 교수가 공저자로 들어가야 한다. 하지만 많은 교수가 공저자에서 제 이름을 뺀다. 학위를 받고 졸업하는 학생은 아직 이 계통을 잘 몰라 교수를 공저자로 넣어야 한다는 생각을 못 하는 경우가 많고, 교수도 학생이 쓴 소논문에 이름을 넣어야 한다고 말하지는 못한다. 동료 연구자라면 "내가 한 게 있으니 내 이름도 들어가야지."라고 당당하게 주장할 수 있지만, 학생의 논문에 "내가 영향을 주었는데 내이름도 들어가야지."라고 말하기는 꺼려진다. 학생이 원해서 교수의 이름을 넣는 경우, 아니면 교수가 학생을 대신해서 학술지에 기고하는 경우에 교수가 공저자로 이름을 올린다.

물론 교수가 논문에 관해 도움을 제공했다고 반드시 공저자가 되는 건 아니다. 연구주제, 방법론, 결과 등에 영향을 주는 경우에만 공저자 자격이 있다. 단순히 자료 수집을 도와주었다거나, 논평을 하더라도 주제, 방법론, 결과에 영향을 주지 못하는 수준이라면 공저자가 될 필요가 없다. 그런데 박사논문은 주제, 방법론, 결과 모든 측면에서 교수의 의도가 개입된다. 이런 면에서 볼 때 교수는 박사논문의 공저자가 될 자격이 있다. 박사논문을 학술지에 게재할 때 교수는 공저자로 들어가는 게 원칙이라고 보는 게 맞다. 박사논문을 학술지에 게재하는 경우 교수가 공저자로 이름이 올라가는 건 부당한 일이 아니다. 논문 공저자 원칙상 당연한 일이다. 그 점을 이해하자.

5장

교수의 생활

수업에 늦는 교수

필자는 학교를 오래 다녔다. 학사 5년, 석사 3년, 박사 6년 반, 그렇게 14년 반을 다녔다. 중간에 군대를 다녀오고 직장인 생활도 했기 때문에 햇수로는 더 길다. 어쨌든 학교에 적을 둔 14년 반 동안 계속해서 교수들을 상대했다. 학부생 때는 교수와 대화해본 적은 없고 강의만 들었지만 어쨌든 계속해서 교수들을 보며 지냈다.

그런데 이 기간에 교수에게 특별한 문제점을 느낀 적은 없었다. 물론 논문 쓰는 과정에서는 교수와 충돌했다. 빨리 졸업하고 싶은 학생과 논문을 통과시켜주지 않는 교수 사이의 갈등은 항상 존재한다. 하지만 교수가 가르치는 내용, 수업 태도 등에 관해서 교수를 비난하지는 않았다. 강의 역량이 부족한 교수가 있긴 했으나 그건 방식이 나와 맞지 않는 것으로 생각했지, 교수 자체의 문제라고 생각하지는 않았다.

교수들의 문제점을 알게 된 시점은 필자가 박사학위를 받고 이후 다른 박사과정을 다니면서부터다. 필자는 행정학 박사를 딴 이후에 교수가 되었으나 행정학과 교수가 아니라 경영학과 교수였다. 경영

학과 교수이면서 행정학박사라는 사실에 자격지심을 느꼈기에 경영학 박사도 취득했다. 경영학 박사학위를 받고 좀 지나서, 필자는 다시 새로운 대학원에 입학했다. 인문사회 관련 학과였다. 나름대로 자기계발을 하려고 선택한 과정이었다. 한국에서 최고 명문대학은 아니지만 그래도 좋은 대학으로 인정받는 서울권 대학이었다. 대학원 입학 경쟁이 있지는 않지만 그래도 충분히 대학원 시스템이 유지될 정도의 대학원생들이 있었다. 그 학교에서 강의를 듣기 시작했다. 그리고 한 학기도 지나기 전에, 필자는 교수들을 향해서 비판하기 시작했다. 물론 겉으로 대놓고 험한 말을 한 것은 아니다. 하지만 속으로는 '교수들이 이러면 안 되는데.' '형편없는 교수들이 정말 많이 있었구나' '언론에서 교수 욕하는 말들이 괜히 그런 게 아니구나.' 등등을 절실히 체감했다.

가장 기분이 나쁜 교수는 지각하는 부류다. 5분, 10분 늦는 건 이해한다. 10시 수업이면 미리 교실에 들어와 있다가 10시에 수업을 시작하는 교수도 있지만, 10시가 되었을 때 사무실에서 출발하는 교수들도 있다. 그러면 교실 이동 시간이 있어서 5분 정도 늦게 도착한다. 학생들도 몇 분 늦게 올 때가 많고, 또 수업이란 게 제시간에 바로 딱 시작할 필요는 없기에 5~10분 정도 늦는 건 충분히 이해할 수 있다.

그러나 몇십 분, 한 시간 가까이 늦는다면 상황이 다르다. 그냥 늦는 교수도 있고, 조교를 통해 지각을 알리는 교수도 있다. 수업 전에 오늘은 1시간 늦게 시작한다고 메시지를 발송할 때도 있다. 이렇게 늦는 경우는 그냥 늦는 게 아니다. 앞에 회의나 다른 일정을 처리하느라 지각하는 것이다.

돌이켜보면, 처음 대학원을 다닐 때도 심심찮게 교수들이 지각했었다. 특별한 일이 있어서 늦는다고 했고, 1시간을 연기하는 사례도 드문드문 있었다. 그때는 이런 일에 특별히 기분 나빠하지 않았다. 교수가 놀다 오는 것도 아니고 회의, 외부 인사 방문 등 일이 있어서 늦는 것이기 때문에 충분히 이해했다. 오히려 수업하지 않고 놀면서 시간을 때울 수 있다는 사실에 좋아하기도 했다. 이전에는 별 문제가 아니라고 생각했으나 현재는 굉장히 잘못된 문제로 여기고 있다. 그렇게 생각이 변한 이유는 간단하다. 필자도 교수 생활을 겪다 보니, 교수가 바쁘다고 하는 일이나 수업을 미뤄가며 해야 한다는 일이 무엇인지 짐작하기 때문이다.

회의는 분명히 있었을 것이다. 학교에서는 항상 회의한다. 많은 회의가 있다. 학과 운영 관련 회의, 학부 관련 회의, 각종 위원회 회의 등이 계속 이어진다. 학교 내부 말고도 외부활동과 관련된 회의도 있을 것이고, 외부 기관과의 회의도 있다. 그런데 사실 그 어떤 것도 이미 정해져 있는 수업을 미루고 참석해야 할 만큼 긴급하지는 않다.

교수들끼리는 암묵적으로 서로 인정하는 일이 하나 있다. '학교 내에서 다른 어떤 일보다 수업이 우선'이라는 암묵적 합의이다. 그래서 회의 일정은 반드시 교수들 수업시간에 겹치지 않게 결정한다. 꼭 참석해야 하는 회의라고? 그래도 수업이 있어서 못 간다고 하면 빠질 수 있다. 다른 일로는 빠질 수 없다고 해도, 수업 때문이라고 하면 다 빠질 수 있다. 그래도 꼭 참석해야 하는 회의라면? 그러면 회의 시간을 옮긴다. 회의 때문에 수업에 빠진다는 건 있을 수 없다. 외부 일정이라면? 외부 일정은 갑자기 생기는 게 아니라 미리 정한다. 수업시간이 겹치면 회의에 참석하지 않아야 하고, 정말로 꼭 참석해야 하는 회의라면 미리 학생들에게 공지해서 휴강하거나 시작 시점을 연기할 수 있다. 외부 일정이 수업 당일에 교수가 몇십 분 이상 늦는 잘못을 정당화하는 변명이 될 수는 없다.

갑작스러운 회의나 일정 때문에 교수가 수업에 늦는 건 사실 본인이 학교 강의보다 그 업무를 더 중시하기 때문이다. 회의를 앞두고, '수업 때문에 못 가요.'라고 답하지 않고 '예, 회의하시죠.'라고 결정했다는 뜻이다. 외부 일정이라면 '수업이 있어서 이만 일어나겠습니다.'라고 말하지 않고 그냥 계속 앉아있었다는 뜻이다. 학교 내부든 외부든, 교수가 수업을 위해 일어나겠다고 하는데 억지로 붙잡는 경우는 없다. 다른 일 때문이라면 몰라도, 수업이 이유일 때는 절대로 그럴 수 없다. 그런데도 늦는다면 그 교수가 강의보다 다른 일을 절대적으로 우선했다는 의미이다.

교수도 월급 받는 직장인이기 때문에 어쩌다 한두 번은 그런 일정을 더 우선할 수도 있다. 하지만 몇 번이고 반복해서 그럴 수는 없다. 이건 교수가 강의에 별 신경 쓰지 않을 때, 외부 사람과의 관계만 중시할 때나 가능하다. 다른 일 때문에 수업시간에 계속 늦는다면, 그 교수는 다른 사람들과의 약속은 중시하되 학생들과의 약속을 소홀히 하고 있다는 의미이다. 다른 사람들의 마음은 신경 써야 하지만, 강의 듣는 학생들에 관해서는 신경 쓰지 않아도 된다고 여긴다는 뜻이다. 쉽게 말해서 학생들을 무시한다는 뜻이다. 이런 교수들이 강의 외의 다른 일에서는 학생들과의 약속을 지키려고 할까? 그럴 리가 없다. 모든 면에서 학생들을 을로 보고, 약속을 어겨도 되는 대상으로 본다.

예전에는 그런 교수들이 있었다. 지금은 그런 교수들이 거의 없어진 줄 알았다. 그런데 그렇지 않았다. 많았다. 필자도 놀랐다. 서울에서 나름대로 명문으로 이름있는 대학의 대학원 수업에서 이런 일이 많을 줄은 정말 몰랐다. 필자가 학회, 위원회에서 교수와 학생으로 만나는 교수는 달랐다. 필자도 교수이지만, 교수들을 비난하게 되었던 일들이었다.

과거를 가르치는 교수

필자는 중국학과 관련된 박사과정은 새로이 밟은 적이 있었다. 원래 전공과는 전혀 관계없는 분야이기 때문에 거의 다 생전 처음 듣는 이야기를 배웠다. 뭔가 새로운 것을 배우고자 박사학위 2개를 받은 다음에 다시 박사과정에 들어왔는데, 새로운 지식 측면에서는 굉장히 도움이 되었다. 그런데 강의를 듣다 보니 이상한 점을 느꼈다. A 교수는 중국의 현실에 관해 많은 말을 해주었다. 책, 언론에서 듣는 것 외에 생생한 이야기들이었다. 그런데 최근 중국 이야기가 아니다. 한 7~8년 전까지의 이야기였다. 그 몇 년 사이에 중국에 얼마나 많은 일이 있었는가? 이렇게 빨리 성장하는 나라는 20년 전, 10년 전, 5년 전, 현재가 완전히 다르다. 그런데 A 교수의 이야기는 현재가 아니라 모두 10년 전 이야기들이었다.

A 교수의 경력을 알게 된 다음에야 그 상황을 이해했다. A는 7~8년 전까지 유학을 하면서 학위를 땄다. 그리고 한국에 돌아와 교수를 하고 있다. 그러니까 A는 본인이 중국에 있을 때 얻었던 지식으로 강의를 하고 있다. 본인이 한국에 들어온 다음의 중국은 모

른다. 그러니 현재의 중국을 이야기하지 않고 7~8년 전의 중국을 이야기한다. 당시의 필자는 7~8년 전의 중국에 관해서 배우고 있는 것이었다.

박사과정에서 배우는 논문은 새로운 이야기를 담고 있거나 그 분야에서 유명한 논문들이다. 그런데 필자도 연구자이다. 참고문헌 목록을 보면 대강 분위기를 알 수 있다. 교재로 사용했던 텍스트, 참고문헌 중 20년 전까지 언급된 사례는 참 좋았다. 그런데 그 이후에 제시되는 참고문헌들은 부실했다. 20년 전까지의 참고문헌이 그 이후의 참고문헌보다 더 많다. 이게 무엇 때문인지는 바로 알 수 있다. A 교수 본인이 20년 전 박사학위를 받을 때 공부한 것들이 강의의 주된 참고자료들인 것이다. 그 이후에는 공부하지 않았고, 그래서 참고문헌도 적고 부실하다. A는 20년 전의 지식을 기반으로 학생들을 가르치고 있었다.

10년 전, 20년 전 지식을 가르친다는 것 자체가 나쁜 건 아니다. 우리가 중등학교에서 배우는 지식은 최소한 100년 이전의 지식이다. 대학에서 가르치는 건 보통 20년 전의 지식이다. 대학생에게 가르치는 지식은 사실이라고 엄밀하게 검증된 정보를 주로 가르친다. 지식이 처음 나오면 그 지식의 타당성을 계속 검증하는데, 그 검증 과정을 모두 거치고 사실로 인정받기 위해서는 보통 20년 정도의 시간이 필요하다. 대학에서 배운 이론이 현실에 적용되지 않는다고 비판을 많이 하는데 그것은 당연한 이치다. 20년 전 지식을 배운 건데 그게 지금 현실에 적용될 리가 없으니까.

대학까지는 20년 전 지식을 가르쳐도 된다. 하지만 대학원은 아니다. 특히 박사과정은 더더욱 아니다. 박사는 자기가 박사과정을 거치면서 얻은 지식으로 먹고살아야 한다. 사회에 나와서 20년 전의 지식을 사람들에게 이야기하면 통할 리가 없다. 중국에 관해 말하려면 지금의 중국을 이야기해야 사람들이 들어준다. 몇 년 전의 중국을 이야기하면 절대 중국 전문가 소리를 들을 수 없다. 지식 세계에서 20년 전의 지식을 이야기하면 그 사람은 무시당한다. 그런데 어떤 교수들은 10년 전, 20년 전 지식을 박사과정생들에게 전달하고 있다. 그런 교수들로부터 열심히 배운 것을 외부에서 떠들면 무식하다는 평가를 받을 수밖에 없다. 이 분야에 관해 모르는 사람들이라면 재미있어하고 좋아할지 모르지만, 아는 사람이 들으면 옛날이야기일 뿐이다. 절대 이 분야에서 전문가로서 활동할 수 없다.

박사과정에서 현재 지식이 아니라 과거의 지식을 가르치는 것, 그래서 박사과정을 졸업해도 자기 분야에서 경쟁력이 생길 수 없는 것. 이게 A 교수, 혹은 A 교수가 속한 학과만의 문제일까? 필자의 박사과정 시절을 돌이켜보면 마찬가지였다. 필자가 배운 책, 논문들은 대부분 1970년대, 1980년대 것들이다. 필자는 2000년대에 박사과정을 다녔다. 그런데 대부분 1990년대 이전 논문들로 배웠다. 교수 본인들이 외국에서 유학하며 열심히 공부한 것들이다. 좋은 논문들이다. 하지만 이것들을 기반으로 아무리 열심히 공부한다고 해도 세계적인 석학은 될 수 없다. 아니, 석학은 제쳐두고 박사학위를 받은 분야에서도 전문가로 활동할 수 없다. 필자가 박사과정일 때는 그걸 몰랐다. 그냥 교수가 가르치는 것을 금과옥조金科玉條로 알고 배웠다. 교수가 된 다음에 보니 알게 된다. 그런 걸 가르치면 진짜 박사가 될 수 없다. 자기 분야에서 지식 전문가로 활동할 수 없다.

필자가 학생 시절에 겪었던 두 가지 에피소드가 떠오른다. 먼저 대학 때 이야기. 외국 명문대에서 학위를 받고 서울대에 임용된 교수였다. 이 교수가 수업시간에 이런 말을 했다.

"여러분이 지금 배우는 것은 하버드, 스탠퍼드 등과 별 차이가 없다. 서울대대를 다니나 하버드를 다니나 대학 때 배우는 건 같다. 석사과정도 비슷하다. 석사를 따려고 유학 갈 필요는 없다. 그러나 박사과정은 아니다. 여러분이 여기에서 박사를 따면 절대 세계적인 수준에 도달할 수 없다."

그리고 박사과정 때의 이야기. 역시 외국 명문대에서 학위를 받고 서울대 교수가 된 분이 수업시간 중에 한 말이다.

"지금 학문의 첨단 부분이 7단계라고 할 때, 지금 여기 서울대에서는 5단계 정도를 가르치고 있다. 여러분이 5단계를 열심히 배우고 한 단계 더 나가면 6단계가 된다. 그런데 그래봤자 세계적 수준인 7단계에 도달하지 못한다. 그런데 외국 명문대 박사과정에서는 7단계를 가르친다.. 학생들이 7단계를 배우고 한 단계 더 나가면 8단계가 된다. 최첨단의 지식을 만들어내는 것이다. 5단계를 배우나, 7단계를 배우나 배우는 데에 드는 노력은 비슷하다. 그런데 5단계를 배운 사람이 첨단에 서려면 6, 7단계를 혼자서 따라잡아야 한다. 하지만 미국 애들은 아예 처음부터 7단계를 배운다. 조금만 노력하면 세계 첨단이 될 수 있다."

　이런 말을 들을 때 그냥 그런가 보다 했다. 필자가 처음 박사과정을 다니면서도 그 차이가 뭔지, 그게 어떤 한계가 있는지 실감하지 못했다. 그런데 교수가 되어서 다시 박사과정 수업을 듣다 보니 교수들이 가르치는 지식의 한계를 분명히 알게 됐다. 박사과정에서는 현재의 첨단 지식을 가르쳐야 한다. 7단계의 지식을 가르쳐야 한다. 그런데 그렇게 가르치는 교수가 없다. 5단계의 지식이라도 제대로 가르친다면 차라리 다행이다. 그런데 그것도 교수 된 지 얼마 안 된 신진교수만 그렇게 한다. 좀 나이가 있는 교수, 학위를 딴 지 오래된 교수는 자기가 공부할 때 배웠던 지식, 20년 전의 지식을 박사과정 생들에게 가르치고 있다.

　이건 화가 나는 일이다. 대학, 석사과정은 몰라도 박사과정생들은 추후 지식으로 먹고살아야 하는 사람들이다. 그런데 그런 박사과정생에게 과거만 가르친다. 한국의 K-pop을 이야기하려면 블랙핑크, BTS를 이야기해야 한다. 그런데 보아나 싸이의 강남스타일만 떠들면 어떻게 보일까? 가장 좋은 건 보아, 싸이 강남스타일도 언급하면서 블랙핑크, BTS도 이야기하는 것이다. 하나만 알아야 한다면 블랙핑크, BTS를 알아야 한다. 블랙핑크, BTS를 모르고 보아나 싸이 강남스타일만 안다면 누구도 그 사람이 K-pop을 잘 안다고 말하지 않는다.

　그런데 지금 박사과정은 딱 보아, 강남스타일만 배우는 것과 같다. 교수는 열심히 가르치고 학생은 열심히 배우겠지만, 아무런 소용이 없다. 박사학위를 가진 실업자가 많은 건 괜히 그런 게 아니다. 블랙핑크, BTS를 모르고 보아, 싸이 강남스타일만 아는 사람이 지금 문화예술계 어디서 일자리를 구할 수 있겠는가? 이것이 한국 대학원 교육의 한계이자 한국 교수의 한계다. 필자는 그 사실을 다시 박사과정을 밟으며 깨달았다.

학점에 관하여

상대평가

· ·

2014년 12월, 한국외국어대학교에서 학생들이 들고일어났다. 원래 외대에서는 절대평가 방식으로 성적을 평가했는데, 2014년 2학기부터 상대평가 방식으로 바꾸겠다고 했다. 절대평가에서는 '학생들의 점수가 90점 이상이면 A, 80점 이상이면 B, 70점 이상이면 C'인 것처럼 일정한 성취목표 도달 여부를 평가한다. 가령 20명이 수업을 들어서 모두 80점이 넘는다면 모든 학생의 학점은 B 이상이 된다. 그런데 상대평가에서는 A, B, C의 비율이 정해져 있다. 모두다 80점이 넘어도 C를 받는 학생이 나온다. 95점이 넘어도 더 점수가 높은 학생들이 많으면 A가 아닌 B를 받을 수 있다. 성적평가제도가 바뀌면서 학생들은 학점이 낮아질 것으로 예상했고, 그래서 외대 총학생회는 이에 반발하고 사회적으로 상대평가가 화제로 대두됐다.

그 뉴스가 나왔을 때, 필자는 외대의 입장을 충분히 이해할 수 있었다. 필자만이 아니라 대학에 몸담은 사람이라면 외대가 왜 갑자기 학점평가제도를 바꾸었는지 모를 수 없다. 어쩔 수 없었던 거다. 처음 대학교수가 되었을 때, 그러니까 2005년 당시에는 교수가 마음대로 학점을 줄 수 있었다. A를 몇 명을 주든, B를 몇 명을 주든 교수 재량이었다. 학교에서는 A를 너무 많이 주면 성적 장학생을 선정할 때 문제가 생길 수 있다는 지침이 내려오긴 했다. 성적이 높은 학생들에게 장학금을 주고 있는데, 어떤 과목은 공부를 안 해도 모두 A를 준다면 그 과목을 수강한 학생들이 유리해진다. 그래서 A는 20%는 넘지 않았으면 좋겠다는 암묵적인 규칙이 있었다. 공식적인 것은 아니었고 강제적인 것도 아니었다. 그 정도만 주어달라는 당부였고, 그것보다 더 많이 줘도 문제 삼을 일은 아니었다. 하지만 대부분 교수는 그 정도만 A를 주었다. 필자는 A+에 10%, A에 10%를 할애했다. 웬만하면 다 B로 평가했고, 특히 문제가 있지 않은 한 C 이하는 주지 않았다.

대부분 교수가 다 비슷했다. 그래서 필자가 있던 대학의 학생들은 학점이 그리 높지 않았다. 4.5 만점에 3.8이면 수석, 차석 정도였다. '4.0 올A'를 받는 학생은 어쩌다 등장했고, 3.6 정도만 돼도 훌륭했다. 그런데 다른 학교 학생들과 학점을 비교하면서 상황이 바뀌었다.

기업에서는 종종 대학교로부터 추천을 받아 학생들을 채용한다. 기업은 필자가 있는 대학에서만 인재를 추천받는 게 아니다. 여러 대학으로부터 몇 명씩 추천을 받는다. 각 대학에서 잘하는 학생들이 추천받아 입사 경쟁을 한다. 그런데 다른 학교 학생들의 학점은 모두 4점이 넘는다. 필자가 몸담은 대학교의 학생만 3점대였다. 3.8로 1, 2등을 하는 우수한 학생인데, 다른 학교 학생들이 모두 4.0이 넘다 보니 이 학생만 실력이 없는 듯이 보였다.

물론 그렇다고 필자가 속했던 학교의 학생이 취업에 실패한 건 아니었다. 지원자 중에서 학점이 제일 낮았지만, 무사히 취업했다. 그러나 당시 교수들은 이를 문제라고 인식했다. 다른 학교에서 주는 것만큼은 학점을 주어야 한다. 대학의 명성을 보지 않고 그냥 학점만 보는 기업이라면 학생들이 취업 과정에서 예상치 못한 불이익을 받을 수 있다고 우려했다. 전체적으로 학점을 잘 주는 방향으로 행동하기 시작했다. 원래 20% 정도만 주던 A를 40% 정도로 비중을 확대했다.

그러다 2010년대 초, 대학 성적 시스템에 지각변동이 생긴다. 교육부가 대학평가를 하기 시작했다. 그리고 평가 항목 중에 대학 성적 분포가 포함됐다. 대학평가에서 점수가 낮으면 구조조정 대상이 된다. 대학들은 대학평가에서 높은 점수를 받아야만 한다. 대학들은 대학평가에서 요구하는 성적 분포 조건을 지킬 수밖에 없었다.

대학평가 초기에 부과된 조건은 A 비율이 40%를 넘느냐 아니냐였다. A가 40%를 넘어가면 점수가 깎인다. 학점을 퍼주던 대학에서는 이것도 큰 문제가 되었지만, 필자의 대학에서는 별 영향이 없었다. 필자의 대학은 원래 A를 40% 넘게 주지 않았다. 그런데 좀 달라진 게 있다. 과목에 따라 교수에 따라 A를 더 많이 줄 수도 있었다. 필자도 40%를 넘지 않으려고 했지만, 동점자가 있을 때나 아니면 성적 산정에 착오가 있어서 B+를 A로 올려줄 때는 40%를 넘어 41%, 42%까지 할애한 적이 있었다. 그런데 이렇게 개별 과목에서 조금씩 넘다가 학교 전체적으로 A가 40%를 넘으면 큰일 난다. 그래서 학교에서는 성적입력 시스템을 만든다. A를 40% 이상 주면 입력 오류가 된다. A를 40% 이상 주려고 해도 줄 수 없도록 컴퓨터 시스템이 만들어진다. 그때부터 'A 40% 이내 지침'은 교수들도 반드시 지켜야 하는 규제로 작동했다.

각 대학에서 이 시스템을 도입했고, 얼마 지나지 않아 거의 모든 대학이 A 40% 이내를 지키게 된다. 이걸 지키지 않으면 대학평가에 문제가 생기니 지킬 수밖에 없다. 그런데 모든 대학이 이걸 지키니, 대학평가에서의 차별성이 없어졌다. 곧 새로운 평가 항목이 들어온다. 그동안은 A의 비중에 관해서만 평가를 했다. 그런데 이제 C의 비중도 평가 기준에 들어왔다. C 이하의 성적, 그러니까 C, D, F의 비중이 30%를 넘어야 대학평가 점수가 깎이지 않게 되었다.

그동안 대학에서는 교양은 몰라도 전공에서는 웬만하면 C를 주지 않았다. 물론 시험점수가 다른 학생에 비해 현저하게 낮거나 출석이 안 좋다면 C 이하를 주었지만, 출석 잘하고 시험도 그런대로 치르고, 과제물도 누락 없이 제출했다면 B를 주었다. 하지만 이제 무조건 C 이하를 30% 이상 주어야 한다. 10명이 수업을 들으면 3명은 C를 주어야 한다. 9명이 수업을 들으면 30%는 2.7명이다. 그 이상을 주어야 하니 9명이 들을 때도 3명은 C다. 7명이 들으면 30%는 2.1명이다. 이때도 3명한테 C를 주어야 한다. 7명 중 3명이면 거의 반이다. 이런 규제는 수강생이 소수인 강의에 치명적이다. 2014년에 외대 총학생회가 반발한 것도 충분히 이해된다. 외대는 외국어 학과가 많고 이 학과들의 전공과목은 모두 학생 수가 많지 않았다. 이 규정을 그대로 지키면 엄청 많은 학생이 C를 받는다.

학생들은 실제 큰 피해를 보게 되지만 그렇다고 학교를 비판할 수는 없었다. 학교가 스스로 하고 싶어서 그러는 게 아니다. 필자도 A 40% 규정은 그렇다고 해도, C 이하를 30% 이상 주도록 하는 규정은 지나쳤다고 생각한다. 수강생 모두가 다 열심히 공부하는 경우는 없다. 수강생 중에서 40% 이상이 A를 받을 만큼 열심히 하는 상황도 거의 없다. 사실 교수 입장에서는 정말로 A를 줄 정도의 실력이 있는 수강생은 많아야 10% 정도이다. 나머지는 원래는 B를 주어야 하는데, 더 주어도 되니 그냥 A를 주는 것이다. 아주 열심히 하는 학생이 많지 않은 건 사실이지만, 그렇다고 아예 공부하지 않는 학생도 30%를 넘지는 않는다. 다른 학생들과 비슷하게 점수를 받지만, 그런데도 현재 시스템에서는 30% 이상의 학생들에게 C를 줄 수밖에 없다. 이런 식으로 대학 성적은 점점 시스템화되어간다. 성적은 교수 재량이라고 하지만, 실제 교수의 재량권은 점점 줄어든다. 처음에는 A 비중을 40%만 지키면 되었지만, 이 비중도 대학에 따라 계속 줄어든다.

대학평가에서 좋은 점수를 받으려면 다른 학교보다 더 나은 면모를 드러내야 한다. 필자 개인적으로 볼 때 과거 A 학점을 남발한 건 분명 문제이다. 그 당시 정말 많은 대학이 취업에서 조금이라도 학생들이 유리하도록 그냥 다 A 학점을 주었다. 그건 문제라고 보지만, 그렇다고 정부가 대학 성적 분포 비중을 규정하는 상황도 올바르다고 보이지는 않는다. 자치를 원칙으로 삼은 '대학'에서, 이러한 현실은 우습기 그지없다.

성적 올려주기

·· ·

대학교수들끼리 만나서 이야기할 때 모두가 공감하는 주제가 하나 있다. 전국 어느 대학이든 공통으로 나타나는 현상인데, 바로 학생들이 학점에 굉장히 민감해졌다는 이야기이다.

학생들이 학점에 민감해졌다는 사실을 교수는 어떻게 확신할까? 학기가 마무리되면 성적이 공표된다. 학생들이 자기 학점을 확인하고 나서 교수한테 성적 문의가 얼마나 오는지를 확인하면 알 수 있다. 자기 성적이 왜 이러냐고 묻는 항의, 정확한 점수와 등수를 확인하려는 문의, 성적이 제대로 나온 건지 다시 한번 확인해달라는 문의는 예전부터 항상 있었다. 그런데 그 문의의 빈도가 엄청나게 늘어났다. 정말로 많은 학생으로부터 이런 문의를 받는다.

내용도 굉장히 구체적이다. 이전처럼 '확인해달라, 자기 점수는 몇 점인데 이게 왜 A가 아니냐'처럼 두루뭉술한 질문이 아니다. '누구는 몇 문제 맞았고 A를 받았는데, 자기는 맞은 문제수가 같은데 왜 B+이냐, 누구는 출석 몇 번, 점수 몇 점이면서 A+를 받았는데, 자기는 출석 몇 번, 점수 몇 점인데 왜 A밖에 안 되는가?' 등으로 구체적인 질문이 많아졌다. 이건 학생들이 단순히 자기 점수에만 민감하다는 이야기가 아니다. 다른 학생들의 점수에도 관심을 가지고 서로 비교하고 있다는 뜻이다. 이렇게 문의가 구체적이다 보니 응답도 구체적이다. 학생의 점수가 정확히 몇 점이고 등수가 몇 등인지, 그리고 몇 명까지 A이고 B인지 등을 자세히 말해야 한다. 그래야 학생들이 별 불만 없이 인정한다. 그냥 '학생 점수는 그래요'라는 식으로 어정쩡하게 응답하면 학생들의 불만이 누적된다.

또 학점 문의와 관계없이 성적을 올려달라는 부탁 메일도 많이 받는다. '이 과목만 학점이 A였으면 장학금을 받을 수 있는데, 이 과목 때문에 장학금을 받을 수 없게 되었다. 그러니 학점을 올려달라' 같은 내용의 부탁이다. 외부장학금은 '학점이 3.0 이상이어야 한다' 등의 조건을 요구한다. 또 학교 특수 과정도 장학금을 계속 받으려면 '성적이 어느 정도 이상이 되어야 한다' 같은 조건을 충족해야 한다. 성적을 올려줘서 1, 2, 3 등을 하는 게 아니라면, 등수는 어차피 낮은 상태에서 이런 장학금이 걸려 있으면 올려줘도 되는 게 아닐까?

사실 과거에는 이런 경우 올려주는 사례가 종종 있었다. 학점이라는 게 그렇게 중요한 게 아니다. 졸업 이후 유학이나 대학원 진학을 준비하는 게 아니라면 학점이 귀한 취급을 받진 않는다. 학점이 중요하다고 해도 '3.0대냐 3.5대냐 4.0이 넘느냐' 등은 의미가 있을 수 있지만, 3.2나 3.4는 차이 없다. 3.6이나 3.8이나 그게 그거다. 한 과목 점수 한 단계 올려줘서 장학금 받을 수 있다면 서로서로 좋은 거 아니겠는가?

그러나 그렇다고 함부로 올려줄 수는 없다. 어느 한 학생의 사정이 딱해서 점수를 올려줬다고 하자. 그러면 점수를 올려줬다는 걸 그 학생만 알고 있으면 되는데, 그런 경우가 거의 없다. 그 학생은 친구들에게 교수가 점수를 올려줬다고 말을 한다. 어떻게든 소문이 난다. 그러면 최악의 상황이 발생한다. 학생들이 너도나도 자기도 점수를 올려달라고 몰려든다. 누구는 올려주고 자기는 왜 안 올려주느냐는 항의가 들어온다. 이때 교수가 할 수 있는 건 두 가지이다. 모두 다 점수를 올려주는 것, 아니면 올려준 학생의 점수를 다시 내리는 것. 어느 것이든 교수의 신망에 치명적이다. 또 학생들끼리는 선배에서 후배에게로 정보가 계속 전달된다. 그 교수가 어느 학생의 점수를 특별히 올려주었다는 이야기가 구전된다.

그래서 점수를 올려주더라도 아무 이유없이 그 학생만 올려주어서는 안 되었다. 그 학생보다 점수가 높은 학생들의 성적을 모두 올려주어야 한다. 80점부터 B를 주었는데 이 학생의 점수는 76점으로 C였다고 하자. 그 사이 77점, 78점, 79점을 받아서 C인 학생들이 있다. 이들을 모두 B로 올려주어야 한다. 즉 B의 최저선 자체를 80점에서 76점으로 바꾸는 거다.

그런데 이렇게 학생들의 사정을 봐줘서 성적을 올려주는 것도 이제 옛날이야기가 되어버렸다. 지금 대학은 A 학점, B 학점, C 학점 비율이 정해져 있다. A 학점을 40%만 줄 수 있다면, 100명 중에서 40명만 A를 받을 수 있다. 이때 B+ 받은 학생이 정말로 A 학점을 받아야 하는 특별한 사정이 있다고 하자. 그런데 이 학생을 A로 올려주면 A가 41명이 되어버린다. 성적 시스템에서 아예 입력이 안 된다. 이 학생을 A로 올려주려면 이미 A를 받은 학생 한 명의 성적이 B로 내려와야 한다. 그러나 이 학생의 점수를 올리기 위해서 다른 학생의 점수를 끌어내리는 짓은 할 수 없다. 이제는 아무리 중요한 사정이 있어도, 아무리 졸라대도 올려줄 수 없다.

이전에는 학점 배분 비율이 중요하지 않았다. 처음에 40명에게 A를 주었는데, 나중에 1~2명 늘어나서 42명이 A를 받아도 되었다. 그러니 올려줄 수도 있었던 거다. 그런데 지금은 'A 40명' 따위의 기준이 절대적으로 준수해야 할 규정이 됐다. 이 학생이 아무리 A를 받는 게 필요하다 하더라도, 다른 학생의 점수를 깎으면서까지 도울 수는 없다. C에서 B로 올려주는 것도 마찬가지이다. C를 받은 학생을 B로 올려주기 위해서는 이미 B를 받은 학생 중 한 명의 성적이 C로 내려와야 한다. 이건 못 할 짓이다. 이제 교수들은 아무리 학생들의 사정이 급해도, 아무리 부탁을 해도 성적을 바꿔주지 않는다. 부탁하는 학생들은 많아졌어도 이를 수용할 수가 없다.

그런데도 성적을 바꿔주는 때가 있다. 정말 성적이 잘못 나간 경우이다. 요즘 학생들의 성적은 중간고사, 기말고사만으로 산정하지 않는다. 출석점수, 퀴즈 점수, 과제 점수 등도 있다. 이 모든 점수를 합산해서 등수를 나열하는데, 여러 실수가 발생할 수 있다. 채점 실수, 엑셀 파일 기록 실수, 계산 실수 등이다. 이런 이유로 성적에 오류가 발생하는 경우가 있다. 학생들이 성적이 이상하다고 문의가 들어와서 점검하다 보면, 이렇게 교수가 잘못해서 성적이 잘못 산정되는 상황이 종종 있다. 이런 경우에는 성적 결과를 바꿔야 한다.

그럼 이렇게 B를 받은 학생의 등수가 수정돼서 A를 받게 된다면, 'A 40명 제한' 규정을 위반해도 것일까? 이때도 40명 제한은 준수해야 한다. 기존 A를 받은 학생 중 제일 아래 점수를 받은 학생이 B가 되어야 한다. 그런데 이때 이 학생은 강력히 반발한다. 처음에 A로 확인한 성적이 다음에 B로 바뀌어 있다면 바로 항의가 들어오고, 사정을 설명해도 수긍할 수 없다. 교수가 말하니 겉으로는 수긍해도 속으로 엄청난 불만을 쏟아낸다. 그래서 많은 교수가 이런 경우를 대비해 미리 안전장치를 마련한다. 100명 수업에 40명만 A를 줄 수 있다면, 처음부터 40명에게 A를 주는 게 아니라 39명이나 38명만 A를 준다. B 받은 학생 중에서 성적 산출 오류로 1~2명이 A로 올라갈 수 있으니, 아예 처음부터 그 인원을 고려해서 A를 주는 방식이다. 이때 성적 오류가 있으면 A 받은 다른 학생을 끌어내리지 않고 A를 줄 수 있다. 성적 오류가 없어서 그대로 성적이 정해진다면? 그때는 기존 B 중에서 최상위 학생 1~2명을 A로 올려줄 수 있고, 그냥 38~39명만 A를 주는 것으로 끝낼 수도 있다.

학생들은 점점 학점에 민감해지고 그에 따라 교수도 학점에 민감해진다. 좋은 방향이라고는 생각하지 않지만, 어쨌든 성적 산출이 교수가 가장 신경 써야 할 사항이라는 점은 분명하다.

어렵지만 해야 하는 일, 학생모집 업무

———

코로나19 바이러스가 확산되기 이전에, 전라도 여행을 갔다가 그 지역 대학에서 교수로 일하는 친구와 연락을 했다. 박사과정을 함께 했던 친구였다. 같이 식사를 하기로 했는데 약속시간보다 조금 늦게 왔다.

> "미안. 오늘 고등학교에 학생모집 안내하러 갔었는데 좀 늦었네."

놀랐다. 고등학교에 학생모집을 하러 갔었다고? 사실 놀랄 일은 아니다. 비수도권 대학에서 교수들이 고등학교를 돌며 자기 학교, 자기 학과로 오라고 홍보하는 일을 한다는 사실은 알고 있었다. 대학 신입생이 감소하면서 학교가 위기에 빠지고, 결국 교수들까지 나서서 학생을 모집하러 다닌다. 하도 이 대학교수 저 대학교수가 방문하니 고등학교 측에서도 성가셨나보다. 고등학교에 '잡상인과 교수 출입금지'라는 안내문이 붙었다는 이야기를 몇 번 들었다.

교수들이 학생모집을 하러 다닌다는 게 특별한 일이 아니었다. 이 친구를 만나서 놀란 건 이 친구의 대학이 이른바 지방 명문대였기 때문이다. 경상도 전라도 지역에서 가장 좋은 대학이라 일컬어지는 대학은 지역 국립대학과 오래된 명문 사립대이다. 이 친구의 대학은 그 명문 사립대 중 하나이다. 그런데 그런 대학에서도 교수가 학생모집을 한다니? 필자는 그동안 교수가 학생모집을 하러 설명회에 가고, 고등학생을 만나 면담을 하는 게 이름 없는 대학에서 하는 줄 알았다. 지방 명문대에서도 학생모집을 하러 다니는 줄은 몰랐다.

"서울에서 대학 생활을 하니 감이 없구만. 지방에서는 국립대 교수도 학생모집하러 다닌 지 오래되었어."

문제는 지방 명문대 교수들이 직접 고등학교에 가서 설명회를 하고 자기 학교, 학과에 오라고 뛰는데도 학생모집이 더 어려워진다는 점이다. 학생모집이 더 어려워지면 교수들이 더더욱 많이, 열심히 뛰어야 한다. 학생모집이 어려운 근본적인 이유는 고등학생 수가 줄어서이다. 열심히 뛴다고 문제가 해결되지는 않는다. 그건 대학의 누구나 다 알고 있다. 하지만 그렇다고 손 놓고 있을 수는 없다. 그래도 일단 자기 학교로 학생들이 지원하도록 더 노력하는 것 외에는 방법이 없다.

교수들이 이런 학생모집 일을 좋아할까? 교수들이 지금까지 살아온 인생을 생각해보자. 고등학교, 대학교, 석사, 박사 공부를 하면서 시간을 보내왔다. 학생모집 활동은 영업 활동이다. 기업 활동에서 영업이 굉장히 중요하다고 하지만, 학교에서만 살아온 사람들이 가장 어려워하고 가장 적성에 안 맞는 일이 영업 업무이다. 학생모집 업무는 교수들이 가장 싫어하는 일이다. 학생 지원이 감소하는 건 눈에 보이고, 이대로 계속되면 대학이 망하고 자기도 망한다는 게 보인다. 하기는 싫지만 꾸역꾸역할 수밖에 없다.

서울에 있는 대학은 학생모집이 상대적으로 쉽다. 서울의 대학교수들이 고등학교를 찾아다니며 설명회를 열지는 않는다. 그러나 서울의 대학교수들이 학생모집에서 완전히 자유로운 건 아니다. 대학은 경쟁률이 높다. 문제는 대학 이외의 과정이다. 대학원은 대부분 미달이다. 교수는 대학원 정원을 채우기 위해, 정원을 다 채우지 못하더라도 그래도 최대한 대학원생이 모집되도록 노력해야 한다. 필자는 서울의 대학교수들로부터 다음과 같은 전화를 몇 번 받았다. 필자가 일했던 대학에는 대학원이 없었다. 그러니 졸업생들을 대상으로 서울권 대학원 진학을 추천해달라고, 전화로 부탁한 것이다. 여기서 중요한 사실은 부탁 전화를 한 교수들이 필자와 아는 사이가 아니었다는 점이다. 서로 아는 사이에서 그런 부탁을 하는 게 아니라, 모르는 사이인데 전화를 해서 부탁을 한다. 이건 영업활동이다.

대학원 말고도 교수들이 학생모집에 신경 써야 하는 곳이 있다. 지금 많은 대학에서 최고경영자과정, 인문 융합 과정 등 특수 과정을 운영하고 있다. 대학에서 이런 과정을 운영하는 기장 기본적인 목적은 재정 충당이다. 등록금 외의 방법으로 대학이 수입을 얻을 수 있는 주요 방안이다. 대학이 등록금 외에 새로운 수입을 얻으려고 하면 뭐가 있을까? 물건을 만들어 팔 수도 없고 장사를 할 수도 없다. 대학이 그래도 다른 사회조직보다 잘한다고 할 수 있는 게 지식 전달이니, 최고경영자과정 등 특수 교육과정을 만들어 운영한다.

그럼 최고경영자과정을 만들면 사람들이 몰려드나? 그럴 리가 없다. 지원자가 미달 되지 않도록 노력해야 한다. 미달이 아니라고 해도 아무나 지원해서 정원이 차는 건 의미가 없다. 최고경영자과정을 다닐만한 사람이라고, 학생들이 서로 인정할만한 사람들로 채워야 한다. 이런 과정 중에서 교수들의 별다른 노력 없이 지원자가 많은 곳은 일부 명문대에서 운영하는 소수 과정뿐이다. 서울의 좋은 대학이라 하더라도 지원자가 충분하지 않다. 이런 과정은 단 한 번만이라도 과정을 운영할 정도의 인원이 모이지 않으면 그것으로 끝이다. 그다음 과정은 개설될 수 없다. 이런 과정을 운영하는 학과의 부담감은 상당하다. 다음 기수에 지원할 사람들을 계속 찾아야 한다. 이런 과정들은 계속해서 생기고 또 사라진다. 계속 사라진다는 건 이런 과정을 운영하기가 그리 쉽지 않다는 걸 이야기하고, 그러면서도 계속 생긴다는 것은 다른 방안이 없어 그래도 계속하려고 노력한다는 뜻이다. 이걸 주관하는 게 교수들이다. 과정 지원자를 많이 끌어오는 교수가 좋은 교수이다. 그냥 공부만 잘하고 연구만 하는 교수에게는 엄청 어려운 일이다.

전문대도 마찬가지이다. 비수도권 전문대는 학생모집에서 가장 직격탄을 맞는 곳이다. 4년제 대학보다 훨씬 일찍부터 적극적으로 학생모집에 나섰다. 서울의 전문대는 학생모집이 상대적으로 낫다.

서울의 4년제 대학보다는 못하지만, 그래도 비수도권 4년제 대학보다는 훨씬 낫다. 한국에서 학생모집 경쟁력은 다른 어떤 것보다 서울에서의 거리에 따라 결정된다는 걸 잊지 말자.

그러면 학생모집에서 신경 쓸 게 없느냐 하면, 그렇지는 않다. 최근 좀 괜찮은 전문대는 심화과정을 운영한다. 대학 3~4학년 과정이다. 전문대에서도 4년 학사 학위를 받을 수 있는 과정인데, 이 과정의 정원이 제대로 채워지지 않는다. 전문대 졸업생을 대상으로 유인 활동을 해야만 한다.

결국 대부분의 대학교수는 신입생 모집 업무에서 자유로울 수 없다. 하지만 질적 차이는 분명히 존재한다. 가장 중요한 사안은 대학 신입생이다. 대학 신입생을 모집해야 하는 대학, 교수가 가장 스트레스를 받는다. 대학원, 최고경영자과정, 심화 과정 등은 신입생이 없으면 좀 어려워지기는 하지만 그렇다고 자기 자리가 없어지지는 않는다. 이런 과정이 폐지되면 그냥 자기 원래 학과 대학생만 가르치면 될 일이다. 그러나 대학 신입생이 미달 되고 지원자가 없으면 자기 학과가 없어진다. 구조조정으로 대학을 그만두거나 전혀 인연 없는 다른 학과로 전출되어야 한다. 대학교수가 다른 학과로 전출되는 건 회사에서 다른 부서로 이동하는 것과는 질적으로 완전히 다르다. 교수의 정체성 자체가 흔들린다.

안타까운 사실은 교수들이 학생모집 업무를 하고 있으나 상황이 나아질 가능성이 전혀 없다는 점이다. 아무리 노력해도 상황은 점점 더 안 좋아지는 것, 지금 대학과 교수에게 학생모집은 그런 업무이다.

미국에서의 교수 생활

―――――

　미국 같은 나라의 교수 생활은 어떨까? 한국에서의 생활보다 무조건 좋을까? 일단 필자는 미국에서 교수 생활을 해본 적이 없다. 그래서 미국의 교수 생활에 관해서 잘 알지 못한다. 단, 미국에서 교수로 일하는 사람들은 좀 알고 있다. 지금 여기에서 하는 이야기는 그런 교수들에게 '들은 말'이다. 이 책에서 쓴 교수 이야기는 직간접적으로 경험한 이야기이다. 하지만 이 부분만큼은 그냥 듣기만 한 이야기다.

　우선 필자는 미국에서의 교수 생활보다 한국에서의 교수 생활이 괜찮을 수도 있겠다고 생각한다. 이유는 분명하다. 미국에서 교수하는 사람들이 많은 경우 한국으로 들어오려 하기 때문이다. 미국 대학에서 테뉴어Tenure⁺를 받아 미래가 보장된 교수들은 미국에서 정년까지 지낼 수 있다. 그런데도 한국의 교수로 들어오려 한다. 연구

―――――

✦ 대학에서 교수의 정년을 보장하는 제도를 지칭한다. 테뉴어를 받은 교수는 이후 실적과는 관계없이 정년까지 교수로 지낼 수 있다.

환경은 한국보다 미국이 훨씬 좋을 텐데도 한국으로 들어오려 한다. 젊을 때는 미국에 있더라도, 나이가 들면 들수록 한국으로 돌아오려고 한다.

미국에서 교수를 하다 한국 교수로 들어온 어느 교수는 그 이유를 이렇게 말했다.

"미국에서의 교수 생활은 매일이 똑같다. 연구하고 논문 쓰고 강의하고. 젊은 교수나 나이 든 교수나 똑같다. 오래 일하고 나이가 든다고 하더라도 달라지는 게 없다. 정년 퇴임할 때까지 그냥 교수이고 똑같이 생활한다. 그런데 한국은 아니다. 나이가 들면서 교수가 다방면으로 활동할 수 있다. 교수가 정부 위원회에 들어가고, 또 장관이 될 수도 있다. 청와대 참모로 들어가는 경우도 많다. 교수 생활이 단조롭지 않고, 많은 것을 할 수 있다."

모든 교수가 이렇게 생각하지는 않을 것이다. 하지만 한가지는 확실히 말할 수 있다. 미국의 교수는 정년이 될 때까지 '연구, 논문, 강의'라는 굴레에서 벗어나지 못한다는 점이다.

한국의 교수도 '연구, 논문, 강의'를 하지 않느냐고? 좀 다르다. 미국 교수계는 성과주의 풍토가 만연하다. 모든 대우는 현재의 실적에 의해 정해진다. 중요한 건 '과거'의 실적이 아니라 '현재'의 실적이라는 점이다. 교수의 기반이 과거의 실적인지, 현재의 실적인지가 중요하다. 이 한 가지가 교수 생활을 완전히 바꾸어 놓는다.

한국에서 노벨상을 받은 학자가 나왔다고 하자. 그럼 이 학자의 인생은 어떻게 바뀔까? 유명해지는 건 별도로 치고, 사방에서 연구지원금이 들어올 것이다. 언제까지? 교수로 정년퇴직할 때까지는 분명히 들어올 것이고, 퇴임한 후에도 연구소를 차리면 연구소에 엄청난 자금이 지원될 것이다. 노벨상을 받은 훌륭한 교수는 평생연구비 걱정 없이 지낼 것이다. 미국은 어떨까? 미국에서 연구지원금을 지급하는 기준은 현재의 실적, 최근 몇 년 사이의 실적이다. 이실적이 좋으면 지원금을 주고, 실적이 안 좋으면 지원금을 주지 않는다. 10년 전에 노벨상을 탔다? 그건 아무 소용없다. 10년 전에 노벨상을 탔어도, 최근 실적이 부재하면 연구비 지원은 없다. '과거에 훌륭한 논문을 썼다, 우수한 학자였다' 등등의 말은 소용없다. 현재의 실적이 중요하다.

한국에서 유명대학의 교수가 되기 위해서는 훌륭한 실적이 있어야 한다. 명문대 교수는 다 어느 수준 이상 되는 우수한 학자라고 봐도 된다. 문제는 그다음이다. 조교수에서 부교수, 교수로 승진할 때까지는 실적이 있어야 한다. 그래서 이 기간에는 논문을 쓴다. 그런데 이때 필요한 실적은 처음 임용될 때의 실적보다는 좀 약하다. 처음 임용될 때와 비교하면, 양이 적거나 질이 낮아도 된다. 그리고 정교수가 되어 정년보장을 받으면 그다음부터는 실적이 없어도 된다. 한국의 교수에게 실적의 중요성을 묻는다면, 굉장히 중요하다고 말해야 한다. 그런데 그건 어디까지나 교수로 임용될 때까지다. 그이후는 실적이 조금만 있어도 되고, 조금 더 지나면 실적이 아예 없어도 된다. 박사논문을 받고 교수 임용되기 전에는 열심히 해야 한다. 그리고 이때 열심히 한 것으로 평생을 지낼 수 있다. 젊어서 몇 년 열심히 하고 그 대가로 평생을 편하게 지낼 수 있다. 그래서 한국의 교수는 남는 장사가 될 수 있다. 과거의 실적이 중요하다는 건 그런 이유이다.

미국에서는 과거의 실적이 필요 없다. 현재의 실적이 중요하다. 박사과정 때 훌륭한 논문을 써서 미국 대학의 조교수가 되었다 해도 좋아할 게 아니다. 조교수로 있는 동안 계속 실적을 내지 못하면 쫓겨난다. 실제 조교수들 대부분은 자기가 처음 임용된 대학에서 정교수를 하지 못하고 떠난다. 이전보다 실적이 적어도 되는, 현 위치보다 낮은 수준의 대학으로 이동한다. 정교수가 되었다 해도 마찬가지이다. 정교수는 정년보장이 되니 더는 연구를 하지 않아도 될까? 정년보장 교수가 되면 연구 실적이 없다고 나가라고 하지는 않는다. 하지만 보수가 줄고, 방 크기가 줄어든다. 실적이 없으면 교수는 교수인데, 실제 받는 보수는 일개 강사와 비슷해진다. 그러니 미국 교수들은 계속해서 연구활동을 하고 논문을 써야 한다.

한국은 한번 크게 성공하면 그것으로 평생을 우려먹을 수 있다. 과거의 성공, 과거의 실적이 계속 현재 상태에 영향을 미친다. 하지만 미국은 과거의 실적이 현재에 큰 영향을 미치지 않는다. 계속 대우를 받으려면, 계속 실적을 내야 한다. 평생 연구하고 논문을 써야 하는 이유이다. 사실 이건 굉장히 힘든 일이다. 사회의 다른 업무는 많이 하다 보면 훨씬 쉽게 일을 할 수 있게 되고, 또 직접 하지 않고 다른 사람에게 시키기만 해도 될 수 있다. 그런데 논문작업은 그게 잘 안 된다. 무언가를 쓰는 일은 순간적인 아이디어만으로 불가능하다. 절대적인 시간이 필요하다. 또 쓰는 일은 다른 사람에게 시키기 어렵다. 설령 시키더라도, 이 경우 반드시 공저자로 그 사람 이름을 등재해야 한다. 공저가 되면 실적 점수가 크게 줄고, 점수를 채우기 위해 더 많은 논문을 써야 한다. 실적을 채우기 위해 본인이 감당해야 하는 일의 총량은 줄지 않는다는 뜻이다.

이런 실적주의가 좋은 면도 있다. 실적이 좋기만 하면 누구나 명문대 교수가 될 수 있다. 출신 대학이나 박사학위 논문의 수준과는 상관없다. 나중에 환골탈태해서 좋은 논문을 많이 발표하면 명문대에서 채용 제의가 들어온다. 한국은 아니다. '어떤 대학을 나왔느냐, 학위를 어디서 했느냐' 따위처럼 과거의 실적이 더 중요하다. 현재 아무리 훌륭한 논문실적을 내도 과거의 실적이 안 좋으면 채용과정에서 제외된다.

이렇게 현재 실적 중심주의이기 때문에 미국의 교수들은 평생 열심히 공부해야 한다. 특히 미국의 조교수들은 엄청나다. 확실한 실적을 쌓아야 더 좋은 대학으로 옮기거나, 아니면 자기가 원하는 대학에서 테뉴어를 받을 수 있다. 로스쿨을 졸업하고 대형법무법인에 들어간 초보 변호사, 의대를 졸업하고 인턴, 레지던트 생활을 하는 초보 의사, 그리고 박사학위를 받고 조교수가 된 초보 교수. 이 세 가지가 미국에서 이혼율이 가장 높은 부류라 한다. 오랜 시간 업무에 매달리고, 또 업무에서 분명한 실적을 창출해야 해서 가정에 신경쓰기 어렵다.

그렇다고 해서 미국의 모든 교수가 이렇게 살고 있다는 건 아니다. 미국의 대학 수준은 천차만별이다. 어느 정도 이름있는 대학, 괜찮은 대학의 교수들이 이렇지, 모든 교수가 이런 건 아니다. 미국의 많은 대학은 연구가 아니라 강의를 상대적으로 더 중시한다. 강의 위주 대학의 교수는 연구 부담이 적다. 어쨌든 미국의 교수보다는 한국의 교수가 더 편하게 지낼 수 있는 건 맞는 듯하다. 실적 부담이 없을 때 편하게 지낼 수 있다.

6장

대학을 둘러싼 문제들

대학등록금 규제 때문에 나타난 현상

프로젝트를 하는 대학

· ·

현재 대학교수들의 생활을 변화시킨 요인들은 여러 가지가 있다. 고등학교 졸업생 수의 급감, 사회 환경의 변화, 취업의 어려움 등도 분명 대학과 교수들에게 큰 영향을 미치는 사항들이다. 그런데 대학에 큰 영향을 미친 요소 중에서 대학등록금 규제를 빼놓을 수 없다. 어떤 기준으로 평가하더라도 대학등록금 규제는 대학에 큰 영향을 미치는 요소를 선별할 때 반드시 포함된다.

대학등록금 규제는 2009년부터 시작되었다. 대학등록금을 올리지 못하도록 하는 규제이다. 2023년 현재 15년째 대학등록금은 동결되어 있다. 어떤 대학에서 등록금이 올랐다고 해도 많아야 연 1% 정도일 뿐이다. 물가상승률 등을 고려하면 실질적으로는 하락이다. 대학등록금 규제가 문제라고 해도, 정말로 정부가 공식적으로 대학등록금을 올리지 못하도록 하는 건 아니다. 법리적으로는 대학등록금을 소비자물가 상승률의 1.5배까지 인상할 수 있다. 문제는 공식적인 규제가 아니라 비공식적인 규제이다. 교육부에서 시행하는 대학평가에 '대학등록금 항목'이 있다. 등록금을 올리면 대학평가에서 제대로 된 점수를 받을 수 없고, 대학평가에서 점수가 낮으면 구조조정 대상이 된다. 또 대학이 등록금을 올리면 국가는 그 대학의 학생들에게 장학금을 주지 않는다. 대학 자체를 징계하는 게 아니라, 학생들이 받아야 할 혜택을 끊는다. 이것이 정말로 치명적인 문제다. 대학들이 등록금을 올리지 못하는 이유이다.

대학의 주 수입은 등록금이다. 정부는 등록금 외에 기부금 등으로도 충당하라고 말을 하지만, 기부금이 들어오는 대학은 이른바 명문대학뿐이다. 대학은 등록금으로 운영되는 기관이다. 따라서 등록금 동결은 바로 대학의 수입이 동결된다는 뜻이다. 등록금은 동결됐다. 그리고 그사이 대학 입학생 수 감소에 대비한다고 교육부는 대학 정원도 줄였다. 등록금은 동결인데 대학생은 줄었으니 대학의 수입은 감소할 수밖에 없다. 그런데 지출은 계속 증가한다. 물가는 오르고, 인건비도 오른다. 1~2년 동안의 물가, 인건비 상승은 크지 않을 수 있지만, 10년 동안 누적되면 상당한 규모가 된다. 수입은 줄고 지출은 크게 늘었다. 낭비 때문이 아니라 물가 등이 올라서 지출이 늘어났다. 지금은 거의 모든 대학이 적자 상태에 놓여 있다. 몇 년 전만 해도 재정상태가 좋은 대학, 운영이 잘되는 대학 중에서는 흑자인 대학도 있었다. 하지만 지금은 모든 대학이 적자이다. 사정이 안 좋은 대학은 10년 전부터 적자이고, 사정이 좋은 대학도 몇 년 전부터는 적자 상태로 변했다.

조직이 적자이면 어떻게 해야 할까? 일단 돈을 더 벌어온다. 대학에서 돈을 버는 방법은 세 가지이다. 등록금을 올리는 방법, 학생 수를 늘리는 방법, 그리고 외부 프로젝트 사업을 따오는 방법이다. 이 중 등록금을 올리거나 학생 수를 늘리는 건 불가능하다. 이건 교육부가 정하는 사항이다. 결국 대학이 할 수 있는 건 하나다. 외부 사업을 끌어온다.

교육부는 대학등록금을 동결하고 대학생 정원을 줄이면서 대학 지원정책의 일환으로 여러 사업을 추진한다. 사업에 선정된 대학은 적게는 수억 원, 많게는 수십억 원의 돈을 지원받는다. 교육부 외에 고용부, 서울시 등 기관에서도 프로젝트 사업을 시행한다. 이 프로젝트들에 많이 선정되는 것이 적자 문제를 해소할 결정적인 포인트가 된다.

프로젝트에 선정되기 위해서는 사업계획서를 써서 내야 한다. 그냥 써서 내는 게 아니라 굉장히 잘 써내야 한다. 이 돈을 받으려고 모든 대학이 달려든다. 그 경쟁에서 이겨야 프로젝트를 수행할 수 있다. 이 사업계획서는 누가 작성하나? 교수들이 작성할 수밖에 없다. 학교에서는 전담할 팀을 만들어 사업계획서를 써서 제출한다.

사업에 선정된다고 마냥 좋아할 수는 없다. 사업에 선정되면 그 사업을 실제로 수행해야 한다. 사업 수행도 교수들이 담당한다. 요즘은 정부가 프로젝트 사업비를 주고 끝내지 않는다. 그 돈이 제대로 사용되는지, 그리고 프로젝트 성과가 확실하게 있는지를 계속 점검한다. 그걸 증명하기 위한 수많은 서류 작업이 요구된다. 회의를 하면 회의계획서를 만들어야 하고, 예산서도 만들어야 한다. 회의를 실제로 했다는 회의록도 필요하고, 가짜 회의가 아니라 진짜로 회의를 했다는 증명을 위해 회의 사진도 찍어야 한다. 그리고 사진까지 첨부한 결과 보고서도 제작한다.

프로젝트 중간 보고서도 잘 만들어야 한다. 중간 평가에서 통과하면 계속 지원을 받을 수 있지만, 여기서 평가가 나쁘면 프로젝트에서 제외될 수 있다. 최종결과보고서도 잘 만들어야 한다. 최종결과가 좋지 않으면 그다음 프로젝트에 지원하기가 어렵다. 그리고 이렇게 큰돈이 오고 가는 프로젝트는 단순히 연구 프로젝트가 아니다. 신설학과를 만든다거나 교육과정을 바꾸는 등의 프로젝트이다. 이런 건 프로젝트가 아니더라도 원래 일이 많다. 학과를 만들려면 학과에서 가르치는 모든 교과목 내용 및 계획서가 다 구비되어야 한다. 한 과목이 들어가거나 제외되기만 해도 준비해야 하는 서류들이 많은데, 신설학과나 교육과정이 변경되면 새로 만들어야 하는 서류들이 장난이 아니도록 늘어난다. 이런 작업도 모두 교수가 맡는다.

대학등록금이 동결되지 않았을 때, 그러니까 사업을 하지 않아도 대학이 먹고 살 수 있었을 때는 교수들이 강의, 연구만 해도 되었다. 그런데 이제는 아니다. 교수들이 프로젝트 사업에 전면적으로 뛰어야 한다. 프로젝트를 수주하고, 그 내용대로 운영해야 한다. 그렇다면 교수에게 강의와 프로젝트 중 무엇이 중요한가? 강의에 소홀하면 학생들에 의한 강의평가 점수가 낮아진다. 그런데 프로젝트를 따오지 못하면 학교는 어마어마한 적자를 본다. 수행하는 프로젝트가 없으면 당장 들어오는 돈이 없어진다. 궁극적으로는 강의, 연구가 더 중요하다고 말할 수 있다. 하지만 지금 당장 급한 일, 처리해야 하는 일, 잘해야 하는 일은 프로젝트이다. 강의를 위해서 프로젝트 보고서 마감을 어길 수는 없다. 하지만 프로젝트 마감에 맞추기 위해서는 강의를 빼먹거나 불성실해질 수는 있다.

대학에 교수가 많으면 어떤 교수는 프로젝트를 하고 어떤 교수는 연구, 강의만 할 수 있다. 하지만 교수가 많지 않으면 대부분 프로젝트에 동원될 수밖에 없다. 정년이 얼마 남지 않은 나이 많은 교수는 이런 프로젝트에서 벗어나 자기 일만 할 수 있다. 그러나 그 정도로 나이가 많지 않은 교수는 이런 업무에서 벗어날 수 없다. 프로젝트 하나가 끝난다고 해서 끝이 아니다. 등록금이 오르지 않는 상황에서 프로젝트는 대학의 생명줄이다. 대학은 계속해서 다음 프로젝트를 따와야 하고, 하나만이 아니라 여러 개를 수행해야 한다. 사실 이렇게 프로젝트를 몇 개씩 해도 적자에서 벗어나기는 무리이다. 학교에서는 어떻게 해서든 더 많은 프로젝트를 따오라고 교수들에게 압박을 가해야만 한다.

등록금이 동결되니 대학생들은 좋다고 생각한다. 그런데 그게 그렇지 않다. 이전에는 교수가 강의, 연구에만 신경을 써도 문제없었다. 하지만 등록금이 동결되면서 대학교수들은 프로젝트 요원으로 뛰어야만 하는 상황이 돼버렸다. 사실 강의, 연구는 학교 업무 우선순위에서 뒤로 밀리게 된다. 교수 업무에서의 우선순위에서도 밀린다.

교수, 대학이 강의와 연구보다 다른 업무에 중점을 두는 것, 그만큼 교육의 질이 떨어지는 것. 그게 등록금 동결로 인한 크나큰 대가이다.

대학 교직원 처우 문제

• •

대학등록금 규제의 가장 큰 폐해는 대학이 정부에 줄을 서게 된 것이다. 등록금이 동결되면서 대학이 먹고살기 위해서는 정부의 지원이 절실해졌다. 그리고 정부의 지원을 받으려면 말을 잘 들어야 한다. 다른 분야도 그렇지만 정부는 돈을 지원할 때 절대 그냥 지원해주지 않는다. 반드시 조건을 붙인다. 그 조건을 따르면 돈을 주고, 조건을 따르지 않으면 돈을 주지 않는다. 예전에는 정부의 이런저런 요구를 따르지 않아도 되는 대학들이 있었다. 등록금으로 충분히 살아갈 수 있는 대학은 정부에 기대지 않고, 또 정부의 부당한 지시는 무시하면서 지낼 수 있었다. 하지만 등록금이 동결되면서 대학은 정부 지원금 말고는 돈 구할 데가 없어진다. 모든 대학은 정부를 바라보고, 정부의 요구 사항은 반드시 지켜야 하는 규제처럼 되어버렸다. 정부가 대학 발전계획이 필요하다고 하면 대학은 발전계획을 만들고, 학과별 운영계획서가 있어야 한다고 하면 운영계획서를 만든다. 출석 검사를 이렇게 하라고 하면 대학은 그대로 따르고, 성적 관리는 저렇게 하라고 요구하면 그대로 따른다. 대학마다 서로 다른 특성이 있다는 건 옛날이야기이다. 지금 대학의 기본 운영은 정부 지침에 따라 전국 대학들이 거의 다 비슷하다.

이런 학교 운영 이외에도 대학등록금 규제가 교수와 학교 직원들에게 미친 중요한 영향이 있다. 바로 연봉, 급여가 오르지 않게 되었다는 점이다. 학교는 등록금 수입에서 교수나 직원들의 급여를 지급한다. 그런데 등록금이 오르지 않으니 학교의 수입도 그대로이다.

대학 정원 조정으로 학생 수가 줄어들어서 등록금 수입도 줄었다. 이런 상태에서 대학교수와 직원들의 월급이 오를 수는 없다. 대학 교직원의 월급도 10년 넘게 제자리일 수밖에 없다.

등록금 동결이 대학 교직원 연봉에 미치는 영향은 대학마다 차이가 있다. 재정이 원래 좋지 않았던 대학, 특히 비수도권 대학들의 경우는 지난 15년간 정말 말 그대로 동결인 경우가 많다. 월급이 전혀 오르지 않고 매년 같은 금액을 받는다. 지난 15년간 공식적으로 물가는 약 28% 올랐다. 또 그사이 세금과 건강보험료도 올랐다. 그렇게 물가는 오르고 지출은 증가했는데, 월급은 같으니 실질 소득은 그만큼 감소했다. 대다수 교수의 생활이 해마다 나빠지고 있다.

재정에 여유가 있는 대학은 교직원의 월급을 올리긴 했다. 이전에 대학의 급여는 호봉제를 바탕으로 했다. 호봉제에서 월급이 오르는 방식은 두 가지다. 첫 번째는 재직 연수의 증가에 따른 월급 인상이다. 재직 연수가 늘어나면 호봉이 올라가고, 그에 따라 월급이 오른다. 1호봉 300만 원 – 2호봉 330만 원 – 3호봉 360만 원이면, 1년이 지나 1호봉에서 2호봉으로 오르면 월급도 300만 원에서 330만 원으로 오른다. 또 다른 루트는 호봉액수 자체가 오르는 방식이다. 처음에 2호봉 월급이 330만 원이었다면, 다음 해에는 2호봉 월급이 340만 원으로 오르는 식이다. 대학 교직원 연봉이 동결되면서 이 호봉액수가 올라가지 않게 된다. 물론 호봉액수는 오르지 않더라도 근속연수가 늘어나 호봉이 올라가면 연봉이 올라간다. 여유가 있는 대학은 이런 정도의 급여 상승은 있었다. 그러나 등록금 동결 상태에서는 이런 급여상승도 대학에 큰 부담이 된다.

한국의 급여 체제는 과거 호봉제에서 연봉제로 전환되는 중이다. 대학도 호봉제에서 연봉제로 변화한다. 그러나 호봉제에서 연봉제로 바뀐다고 해서 진짜 연봉제는 아니다. 실제로는 호봉제 같은 연봉제로 운영된다. 연봉이 실적에 따라 급증하거나 급감하지 않고 호봉제에서와 비슷한 연봉을 안정적으로 받는 연봉제이다. 한국에서 호봉제를 연봉제로 바꾸려는 가장 중요한 이유는 기업의 급여 부담을 줄이기 위해서이다. 고성장 시대가 끝나면서 기업의 매출, 이익은 잘 오르지 않는다. 그런데 호봉제에서는 계속해서 직원의 임금이 오른다. 한국에서 연봉제를 적극적으로 도입하게 된 주요 이유는 이 문제를 해결하기 위해서였다. 연봉제에서는 직원들의 월급이 무조건 오르지 않는다. 그런데 아무리 연봉제라고 해도 직원들의 월급을 깎는 것은 어렵다. 기업은 월급이 많은 장기근속자를 명예퇴직이나 구조조정을 통해 고임금 근로자 문제를 해결했다. 그런데 대학은 정년이 보장되는 곳이다. 구조조정도 불가능하고, 명예퇴직하려는 교수도 거의 없다.

등록금은 동결된 상태에서 기존 교직원들의 월급을 줄일 수는 없고 정년 전에 그만두게 하는 것도 불가능하다. 대학은 학생 정원에 따라 필요한 교수 수가 정해져 있기에 교수 수를 줄일 수도 없다. 이런 상황에서 대학은 인건비를 줄이기 위해 새로 들어오는 교수의 월급을 확 삭감했다.

대학교수의 월급은 많을까 적을까? 가끔 신문에 대학별 교수의 평균 임금이 소개되고는 한다. 교수의 평균 연봉이 1억 원이 넘는 대학들이 많다. 그런데 평균 연봉이 높은 대학들을 자세히 보면 다

의대가 있는 대학들이다. 의대 교수들은 일반 병원 의사들보다 연봉이 굉장히 낮다고는 해도 보통 교수들보다는 월등히 높다. 의대 교수들의 높은 연봉으로 교수 전체 평균 연봉이 높게 나타나는 것이지, 교수들이 정말로 그 연봉을 받는 건 아니다. 그리고 학교 내에서 교수들 사이의 연봉 차이가 무척 크다. 이전부터 있었던 교수는 호봉제 시절에 정해진 연봉을 받는다. 이것도 학교마다 차이가 크기는 하여도 사회적으로 볼 때 그리 적은 금액은 아니다. 그러나 학교에 들어간 지 얼마 되지 않는 교수, 특히 신임 교수들의 연봉은 상당히 낮다. 심지어 필자는 정식 교수인데도 연봉이 2천만 원대인 경우도 보았다.

사회에는 연봉 2천만 원대, 3천만 원대의 직장도 많으니 교수 연봉이 그 정도인 것도 낮은 건 아니라 말할 수도 있다. 그런데 교수는 대학을 졸업하고 바로 얻을 수 있는 직장이 아니다. 석사를 하고 박사를 해야 한다. 이 과정이 최소 5년, 길게는 10년도 넘는다. 그리고 요즘은 박사학위를 받았다고 바로 교수로 채용되지도 않는다. 연구소 등 다른 경험이 몇 년 있어야 한다. 30대 초중반에 교수가 되면 굉장히 빠른 것이고, 40대에 교수 되는 것도 당연하게 여겨진다. 이 나이에 연봉 4천만~5천만 원 정도이면 어떤 기준으로 보아도 많은 금액이라고 할 수는 없을 것이다.

사람들은 교수의 월급이 많을 것이라 생각한다. 그런데 원래 많지는 않았다. 중산층으로 살 수는 있지만, 잘살기는 불가능한 액수이다. 학교에 따라 차이가 있기는 하겠으나 전체적으로 봐서 연봉 1억 원이 넘는 교수는 상당히 소수이다. 아무리 유명 대학에 있고,

권위 있는 석학이라고 해도 연봉 자체가 높은 건 아니다. 재정적으로 괜찮은 대학에 오랫동안 근무한 나이 있는 교수나 연봉 1억 원이 넘을 수 있다. 그나마 그 연봉도 10년이 넘게 동결이다. 그리고 새로 들어오는 교수의 월급은 과거보다 훨씬 낮아졌다.

등록금 동결은 학생들의 부담은 줄여주었을 것이다. 그러나 대학 구성원들, 교수와 교직원들의 실질 소득은 계속해서 낮아졌다. 이런 처우는 앞으로 나아질 것 같지 않다. 설사 이제 등록금 동결 규제가 풀린다 해도 다른데 메울 곳이 많아서 구성원들 처우가 개선되기까지는 오랜 시간이 필요할 것이다. 구성원들의 처우가 점점 안 좋아지는데 그 분야가 발달할 수는 없다. 한국에서 대학은 사업적 관점으로 평가할 때 확실히 사양산업이다.

대학의 학과 개편은
왜 힘든가?

　기업의 구조조정은 주로 기존 조직을 변경하는 것을 의미한다. 경쟁력 없고 이익을 내지 못하는 부서를 없애고, 잘 나가는 부서를 더 늘린다. 대학 내의 구조조정도 비슷하다. 대학교 내에는 수많은 학과가 있다. 이 중에서 경쟁력 없는 학과를 없애거나 규모를 줄이고, 경쟁력 있는 학과를 만들거나 규모를 늘리는 것이 대학 내의 구조조정이다. 대학의 구조조정이란 학과 개편을 의미한다.

　학과의 경쟁력은 무엇일까? 학과는 하나의 학문을 대표한다. 어떤 학문이든 나름의 역사와 전통, 그리고 학문적 의의가 있다. 철학이 경쟁력이 없다고 말을 하지만 가장 오래된 학문이 철학이다. 수많은 이론이 있고, 학문의 역사가 길다. 이런 학문에 경쟁력이 없을 리가 없다. 그런데 대학평가는 그런 기준으로 점수를 측정하지 않는다. 대학평가에서 학과의 경쟁력과 관련해서 가장 중요한 지표는 입학 지원율과 취업률이다. 입학 지원율과 취업률이 높으면 대학평가 점수가 높고, 지원율과 취업률이 낮으면 대학평가 점수가 낮다. 지원율과 취업률이 낮은 몇몇 학과가 학교 전체 평균 점수를 까먹는다. 그러니 학교 측에서는 인기 없는 학과를 구조조정하려는 동인을 가진다. 학문의 가치를 무시하는 학교라고 비판해서는 안 된다. 비판하려면 학과 지원율과 취업률을 평가 지표로 넣는 대학평가 제도를 비판해야 한다. 그것만 아니면 대학에서는 취업률이 낮다는 이유로 철학, 사학 같은 학과를 무턱대고 건드리지 않는다.

언론은 주기적으로 대학 내의 구조조정으로 학교 내 분쟁이 발생했다는 기사를 난다. 어떤 학교가 대학 내 구조조정으로 어떤 학과를 없애기로 했다. 그런데 해당 학과의 교수, 학생, 그리고 졸업생들이 강력히 반대한다. 총학생회 측에서도 학교의 일방적인 학과 구조조정에 반대하는 성명서를 낸다. 학과를 없애려는 대학, 그리고 그에 반대하는 교수와 학생들 간의 갈등과 분쟁은 대학 구조조정과 관련된 친숙한 이야기이다.

대학에서는 학과를 없애려고 하면 해당 학과의 교수와 학생들이 엄청나게 반대한다는 걸 알고 있다. 해당 학과만이 아니라 총학생회나 다른 학생들도 일방적으로 학과를 없애는 것에 관해 부정적이라는 것도 안다. 그런데 왜 대학에서는 학과를 없애려고 할까? 해당 학과가 지원율, 취업률이 낮다고는 하지만, 그렇다면 경쟁력이 있는 다른 학과에서 지원자, 취업자를 늘리면 해결되지 않을까?

대학에서 어떤 학과를 폐지해야 하는 이유는 '정원제도' 때문이다. 지금 한국에는 반도체 인력, 컴퓨터 프로그램 인력이 부족하다. 반도체, 프로그램 관련 학과를 만들거나 정원을 늘리면 취업자도 늘어난다. 그건 누구나 다 안다. 문제는 이런 학과를 만들 수도 없고 정원을 늘릴 수도 없다. 대학에는 대학정원 규제가 있다. 대학의 정원 수를 교육부가 정해주는데, 수도권 대학의 경우 절대로 늘어날 수 없다. 정원이 고정인 상태에서 어떤 학과의 정원이 늘어나려면 다른 학과의 정원이 줄어들어야 한다. 반도체, 컴퓨터 프로그램, 경영학과 등이 확대되기 위해서는 다른 어떤 과가 폐지되어야 한다.

학과가 폐지되면 학생들은 자기가 맘에 드는 학과로 전과할 수 있게 해준다. 폐지 대상 학과의 학생들 중 태반은 사실 오기 싫었지만 점수에 맞춰서 억지로 진학한 경우다. 들어와서는 복수전공, 부전공, 전과 등의 방법으로 원래 가고 싶었던 학과 공부를 한다. 그래서 사실 학생들의 반대는 그리 큰 문제는 아니다. 진짜 반대자는 교수이다. 교수는 자기 학과가 없어지면 정말 곤란한 상태가 된다. 학과가 없어진다고 해서 교수도 그만두게 되는 건 아니다. 대학 내 다른 학과로 갈 수 있다. 하지만 세부 전공을 중시하는 대학 사회에서 다른 학과로 옮길 수 있는 경우는 거의 없다. 전공과 관계없이 소속될 수 있는 교양과로 가는 게 일반적이다. 자기가 10년, 20년 있었던 학과가 없어지고 전혀 인연이 없는 다른 학과로 배치되는 건 학문적 사망선고와도 같다. 월급, 직위가 같으니 직장인으로서는 큰 문제가 아니겠지만, 학자로서는 자기 인생의 정체성이 완전히 무너지는 일이 된다. 교수는 학과가 폐지되는 것에 강력히 반발할 수밖에 없다.

그런데 재미있는 일이 있다. 이렇게 학과 구조조정으로 분쟁이 발생하는 학교들을 자세히 살펴보면 거의 서울에 있는 대학들이다. 지방에 있다고 하면 지방 명문대들이다. 사실 대학 내의 학과 구조조정은 전국의 대학들에서 다반사로 발생한다. 그런데 학과 개편과 관련해서 분쟁이 발생하는 건 왜 다 서울에 있는 대학뿐일까?

비수도권 대학들의 경우, 취업이 안 되는 학과는 학생들이 지원하지 않는다. 아예 미달이 된다. '학과의 가치가 어떻고 학문의 의의가 어떻고' 말해도, 입학 지원에서 미달이 되면 의미가 없다. 학과 교수도 학생이 미달인 상태에서 자기 학과가 계속 존속되어야 한다고 주장할 수가 없다. 학과 정원을 대폭 줄이고 학과를 폐지해도 반대하는 목소리가 나오지 않는다. 해당 학과에 학생이 없으니 반대할 학생도 없고, 교수도 차마 미달인 상태에서 학과 개편을 반대한다는 이야기를 할 수가 없다. 비수도권 대학들은 별 분쟁 없이 자연적으로 구조조정이 진행된다.

그런데 서울의 대학들은 다르다. 학생 중에는 학과보다는 학교를 더 중요시해서 지원하는 경우가 많다. 해당 학과에 관심도 없고 공부하고 싶은 생각도 없지만, 어쨌든 서울에 있는 이름있는 대학이기 때문에 지원하는 경우이다. 문학 관련 학과가 대표적이다. 원하는 대학을 가려면 경쟁률이 낮은 학과로 지원해야 한다. 자기가 원하는 좋은 대학으로 가려면 문학 관련 학과만 지원할 수 있다. 이때 학교를 위주로 선택하는 학생들도 많다. 처음부터 문학을 하겠다고 지원하는 학생들도 있기는 하겠지만, 그런 학생들만으로는 절대 정원을 채울 수 없다. 학교를 보고 선택한 학생들로 정원이 채워진다. 결국 이런 방식으로 서울의 대학들은 모두 정원을 채운다. 아무리 학과 경쟁력이 없다 해도, 정해진 인원만큼 모두 입학한다.

이러면 학과 개편이 쉽지 않다. 재학생들이 다 있고, 지원율에 문제가 없다. 취업률이 낮긴 하여도, 이건 대학이 취업을 위해서만 존재하는 건 아니라는, 강력한 반대 논거가 있다. 대학 측에서는 사회의 수요가 많은 부분, 각광을 받는 학과를 늘리고 싶다. 그런데 정원 제도 하에서 어떤 부분을 늘리려면 다른 부분을 줄여야 하겠지만, 줄여야 하는 부분에서 결사적으로 반대한다. 이러면 해결이 쉽지 않다. 대학 학과 개편 관련한 분쟁이 끊이지 않는 이유이다.

하지만 진정으로 사정이 어려운 대학 입장에서는, 이런 학과 개편 분쟁조차 참 부러운 일이다. 어쨌든 학생들이 계속 지원해서 학과가 유지되기 때문에 분쟁도 발생하는 것이다. 학생들이 지원하지 않아 미달이 되는 학과에서는 그런 분쟁을 일으킬 여유도 없다.

대학의 학과 개편 분쟁이 발생하면 보통 사람들은 대부분 학과 편을 든다. 취업률 등을 기준으로 학과를 개편하려는 대학이 학문 본연의 자세를 지키지 않는다고 비판하면서 해당 대학을 욕한다. 하지만 알고는 있자. 정부의 대학정원제 규제가 없다면 특별히 학과 개편을 할 필요가 없다. 또 미달이 일반적인 많은 비수도권 대학에서는 학과 개편 관련해서 아예 분쟁이 발생하지 않는다. 학과 개편 분쟁이 발생한다는 건 상대적으로 굉장히 상태가 좋은 대학이라는 뜻이다. 대부분 대학에서는 그마저도 부러운 이야기일 뿐이다.

온라인 강의는
대세가 될 수 있을까?

───

코로나 사태는 사람들 사이의 만남을 정지시켰다. 하지만 정말로 정지된 것은 아니다. 회사는 재택근무를 하는 곳도 많았지만 대부분 회사는 출근했다. 사무실에서 마스크를 쓰고 일을 했다. 공장 등도 코로나 환자가 발생했을 때는 문을 닫았지만, 그렇지 않은 때에는 마스크를 쓰고 작업했다.

그런데 대학은 아니었다. 정말로 2년 동안 학교에서 수업이 없었다. 코로나 2년 차에는 실험, 실습이 반드시 필요한 과목에 한정하여 출석 수업도 했지만, 실질적으로 교실에서 이루어지는 수업은 없었다. 교실 수업은 모두 온라인 수업으로 대체되었다. 교수가 강의를 찍어서 올리는 방법, 줌으로 수업을 하는 방법 등으로 온라인 수업이 전면적으로 시행됐다.

온라인 수업은 교육의 미래라고들 말한다. 오프라인 수업은 시간과 장소에서 제약이 있다. 수업을 듣기 위해 오고 가는 시간과 수업시간을 할애해야 하고, 또 수업 장소에 직접 와야 한다. 수업을 듣기 위해 많은 조건이 수반되어야 한다. 이에 비해 온라인 수업은 일단 장소 제약이 없다. 자기가 현재 있는 곳에서 인터넷에 접속해서 들을 수 있다. 또 녹화 강의를 이용할 경우 시간상 제약도 없다. 자기 편할 때, 아무 때나 수업을 들을 수 있다.

교육계에서는 오래전부터 온라인 수업으로의 전환이 논의됐다. 대학에서는 온라인 강의 시스템인 OCW_{OpenCourseWare}를 몇 년 전부터 준비하고, 그 콘텐츠를 만들어오기도 했다. 많은 사람이 앞으로 온라인이 대세가 될 가능성이 높다는 점을 인정했다. 시간의 문제일 뿐, 앞으로 오프라인 수업보다 온라인 수업의 비중이 더 크게 될 것이다.

미래를 전망하면서 지금 당장은 아니고 미래의 이야기라고 생각했다. 그런데 코로나 사태로 대학의 모든 수업은 온라인 수업을 전면적으로 도입했다. 처음에는 시행착오가 많았다. 교수들은 온라인 수업 방법에 관해 혼란스러워했고, 강의 방법도 달라졌다. 하지만 1년이 지나고 계속 온라인 수업으로 하다 보니 요령이 생겼다. 처음과는 달리 이제 제대로 된 온라인 수업도 가능하게 되었다. 결국에는 교수들도 온라인 수업을 오프라인 수업보다 더 편하게 여기게 되었다. 가르치는 교수도 시간, 공간상 제약이 없어진다. 그냥 이대로 온라인 수업만 하면 더 바랄 게 없을 것이다.

그런데 문제가 생겼다. 학생들의 성적이 떨어진다. 오프라인 수업일 때에 비해서 전반적으로 성취수준이 떨어졌다. 조금 떨어진 게 아니다. 정말 말도 안 되게 떨어졌다. '온라인 수업은 안 되겠구나, 오프라인 수업으로 해야 하는 거구나'를 깨달을 정도로 떨어졌다.

코로나로 인해 온라인 강의를 시행한 첫 학기는 그런 걸 잘 느끼지 못하고 지나갔다. 이때는 교수도 학생들도 다 혼란스러운 시기였고, 수업의 효과나 평가 방식까지는 생각할 여유가 없었다. 일단 처음부터 이번 학기는 모두 온라인으로 수업을 한다고 정해진 것도 아니었다. 처음 2주는 온라인 수업을 하고 그다음에 오프라인 수업을 한다고 했었고, 그다음에 다시 2주 연장, 한 달 연장으로 계속 연장을 하다가 한 학기가 끝났다. 온라인 수업은 어디까지나 임시로 몇 주 하다가 마는 거라 여겼는데, 하다 보니 한 학기 전부가 온라인 수업이 되었다. 수업은 모두 오프라인으로 준비했다가 온라인으로 갑작스레 변화했다. 이런 상태에서 온라인 수업으로 인해서 학생들 실력이 떨어진다고 평가할 수는 없었다. 하지만 1년 정도 그런 상황이 지속되자 교수와 학생 모두 온라인 수업을 받아들이고, 온라인 기반으로 시험을 진행했다. 그러면서 교수들은 알게 됐다. 학생들의 실력이 형편없이 떨어지고 있다는 사실을.

처음 이를 깨닫게 된 시기는, 게으르다는 평가를 받던 교수들 강의의 시험 성적 결과가 알려진 때였다. 교수들은 보통 해마다 같은 과목을 강의한다. 평생 같은 과목을 강의하는 건 아니고, 보통 3~5년 동안은 같은 과목에서 같은 교재를 사용하여 같은 내용을 강의할 수 있다. 그런데 어떤 교수는 이렇게 같은 과목을 수업하면서, 시험문제조차 똑같이 내는 경우가 있다. 똑같은 과목에 똑같은 교재, 그리고 같은 교수가 가르치기 때문에 내용도 같고 시험문제도 똑같다. 그럼 학생들의 성적도 비슷해야 한다. 하지만 아니었다. 성적이 급락했다.

학생들은 자기 성적이 이렇게 낮아졌다는 것을 모른다. 하지만 성적을 주는 담당 교수는 알고 있다. 예전에는 50문제 중 40문제를 맞힌 학생들이 간신히 B를 받았다면 지금은 똑같이 40문제를 맞힌 학생이 A+를 받는다. 이전에는 40개 맞은 학생이 100명 중 50등이었다면 지금은 1~2등이다.

시험문제를 다르게 내는 교수도 이런 실력 격차를 알게 된다. 서술형 문제라면 학생들이 내는 답안의 양이 줄어든다. 이전에는 1시간 시험에 한 페이지는 다 채우는 게 일반적이었다면, 이제는 반 페이지를 다 채우는 학생도 드물다. 평균 몇 문제를 더 틀리거나 평균 몇 줄을 덜 적으면 교수도 변화를 알아차리기 힘들다. 하지만 평균 몇십 문제를 더 틀리면, 그리고 서술형 답안의 분량이 이전의 반 타작 수준으로 줄어들면, 바로 느낄 수 있다. 답안의 양이 줄어도 질이 더 나아졌을까? 그것도 아니다. 양도 줄었고 내용도 더 조악해졌다. 답안 수준이 엄청나게 떨어졌다는 사실을 인정하지 않을 수가 없다.

그 이유는 무엇일까? 올해 입학한 학생들의 수준이 갑자기 크게 떨어졌나? 그것은 아니다. 물론 학생들의 수준은 조금씩 떨어지는 추세긴 하였다. 그래서 답안이 질이 상대적으로 부족한 건 충분히 이해할 수 있다. 하지만 이리 급작스럽게 나빠질 수는 없었다. 신규 입학생 정원 미달이 몇 년 동안 이어졌다면 학력 수준의 급격한 저하가 당연할 수 있으나 입학 성적이나 인원에 별 차이가 없다면 이를 설명하기 어렵다. 결국 온라인 수업이 문제라는 결론에 도달했다. 교수들이 수업할 때 온라인 수업 내용과 오프라인 수업 내용이 크게 달라지지는 않는다. 즉 가르치는 내용은 온라인이나 오프라인이나 별 차이 없다. 하지만 학생들의 수용도 측면에서 온라인과 오프라인은 그 효과가 크게 달랐다. 수업을 열심히 들으려고 하는 학생들은 별 차이가 없을 것이다. 자기가 스스로 선택하고 공부하려는 학생들에게는 온라인도 충분히 효과가 있을 수 있다. 그러나 대부분은 그렇지 않다. 대부분 학생에게 수업이란 졸업하기 위해서 참아야 하는 과업이다.

오프라인 수업에서는 어쨌든 교실에 앉아있으니 좋든 싫든 교수의 말이 들린다. 교실에 앉아있는 동안 어쨌든 듣는 게 있다. 그러나 온라인은 그렇지 않다. 온라인 수업을 그냥 틀어놓고 얼마든지 딴짓을 할 수 있다. 1시간 동안 틀어놓았는데 하나도 듣지 않을 수 있다. 출석은 되었는데 배우는 건 없다. 온라인 수업은 스스로 열심히 하려고 달려드는 사람에게만 효과가 있는 것이다. 그런 의지 없이 졸업하기 위해서 수업을 듣는 사람에게는 효과가 없다. 그런 학생이라면 오프라인이 조금이나마 더 도움이 된다.

소수 엘리트는 온라인 수업이 괜찮을 수 있어도 대부분 학생에게는 오프라인 수업이 필요하다. 코로나로 인한 온라인 수업 경험을 통해 온라인 수업의 한계와 오프라인 수업의 필요성을 분명하게 인식했다.

학교 분위기를 좌우하는 건
재단이다

학교의 명성은 학교를 바라보는 학생들과 대중들의 인식에 영향을 끼친다. 학교의 명성, 특히 입학 순위가 높은 대학을 좋은 대학으로, 입학 순위가 낮은 대학을 안 좋은 대학으로 여긴다. 그러면 교수 입장에서는 어떻게 구분될까? 교수에게 대학은 직장이다. 직장 생활은 직장 내 분위기가 어떤가에 달려있다. 그리고 대학 내부의 분위기는 재단이 좌우한다.

학내 분규가 발생하는 대학들이 있다. 교수들, 직원들끼리 서로 패가 갈라져서 다툰다. 서로 소송하고, 법적 분쟁을 일으키기도 한다. 그런데 그 분쟁은 대부분 재단으로부터 촉발된다. 재단에 찬성하는 교수들과 재단에 반대하는 교수들이 서로 다툰다. 재단의 대학 운영에 문제가 있다고 판단하고 저항하는 교수들과 재단의 대학 운영을 받아들이는 교수들 간의 분쟁이다. 총장을 둘러싼 분쟁도 사실은 총장 뒤에 있는 재단을 둘러싼 분쟁이다. 총장은 재단이 임명한다. 재단은 재단의 대학 운영 규칙을 받아들이고 재단의 대학 운영 방침을 따르는 교수를 총장으로 임명한다. 여기에 반대하는 교수들이 총장 반대 운동을 한다. 겉으로는 총장에 반대하는 듯하나 사실은 재단의 운영 방침에 반대하는 것이다.

총장을 재단이 임명하지 않고 교수, 교직원들의 투표로 정하는 대학도 있다. 이때는 재단에 반대하는 교수가 총장에 당선될 수 있다. 예산, 인사 등 조직 운영의 최종적인 결정권을 가지고 있는 쪽은 재단이다. 그런데 그 예산, 인사 등을 직접 집행하고 운영하는 총장이 재단에 반대한다. 이런 상황이 되면 그 대학은 바람 잘 날이 없다. 총장이 재단과 싸우고, 또 교수들은 총장 편과 재단 편으로 갈라져서 싸운다.

대학에서 돈을 빼돌리는 문제가 발생하기도 한다. 대학의 돈을 자기 맘대로 사용하는 횡령, 배임하는 사건이 벌어지기도 한다. 그런데 이렇게 돈 문제가 발생했을 때 그 원인이 교수나 직원에게 있는 게 아니다. 만약 교수나 직원이 횡령한다고 해도 그 액수는 아주 적다. 많아야 몇천만 원이고 몇억 원 이상의 돈을 횡령하는 건 불가능하다. 물론 그 돈도 많은 돈일 수는 있으나 일반 사기업에서의 횡령 액수와 비교하면 정말 약소한 액수다. 교수, 직원들이 관리, 운영할 수 있는 돈은 별로 없다. 횡령하려고 해도 횡령할 돈 자체가 그리 많지 않다.

대학에서 횡령이 발생하면 그 주체는 재단이다. 재단이 대학에서 돈을 빼간다. 총장, 직원이 횡령했다고 해도 그건 대부분 총장, 직원이 자기 사익을 채우기 위해서가 아니다. 재단의 요구에 부흥하고자 총대를 메고 실행한 사례가 대부분이다.

교수들의 근무 태도에 관해 이런저런 제약을 거는 대학이 있다.

원칙적으로 보통 교수들은 출퇴근 시간이 따로 없다. 오전 9시에 수업이 있으면 9시까지 학교에 오면 되고, 11시에 수업이 있으면 11시에 와도 별 상관없다. 수업, 회의 등이 없으면 학교에 가지 않아도 무방하다. 다른 직장인보다 교수가 좋다는 장점 중 하나가 바로 유연한 근무 시간이다.

교수들에게 출퇴근 시간을 엄밀히 적용하지 않는 건 교수의 업무 속성 때문이다. 논문, 프로젝트를 준비할 때 오전 9시부터 오후 6시까지 연구를 한 이후 휴식을 취할까? 그렇지 않는다. 그냥 종일 생각한다. 아침에 눈 떠서 밤에 잠들 때까지 계속 그 주제를 고민한다. 겉으로는 다른 활동을 하더라도 마음 한구석에는 항상 그 주제가 남아있다. 무의식에서는 계속 뭔가가 돌아간다. 논문, 프로젝트가 완전히 끝날 때까지 그 주제에서 벗어나지 못한다. 그러니 출퇴근 시간은 별 의미가 없다. 그래서 필자는 교수만이 아니라 모든 연구직에는 출퇴근 시간을 적용할 필요가 없다고 생각한다.

대체로 대학에서는 교수들의 출퇴근 시간에 왈가왈부하지 않는다. 그런데 어떤 대학에서는 교수의 출근 시간을 점검한다. 일이 있든 없든 오전 9시까지는 연구실에 출근하기를 요구하는 대학들이 있다. 출근 시간만이 아니라 퇴근 시간도 점검하는 대학이 있고, 중간에 빠져나가는지 검사하는 대학도 있다. 교수의 외부활동을 부정적으로 생각하고 반드시 미리 신고하고 허가를 받도록 하는 학교도 있다.

교수들은 연구를 위해서 자유시간이 얼마나 중요한지를 안다. 그래서 교수들끼리는 절대 다른 교수의 시간을 억압하려는 생각은 하지 않는다. 대학 총장은 기본적으로 교수 출신이다. 따라서 총장도 교수들의 출퇴근 시간 등을 규제하려는 발상은 하지 않는다. 이런 발상은 재단이 한다. 재단이 보기에 교수들은 분명 대학의 고용인인데 늦게 오고 일찍 가고 중간에 자리를 비우고 한다. 사기업에서는 말도 안 되는 근무실태다. 그래서 출퇴근 시간을 점검하려 한다. 이런 대학에 다니면 교수들은 상당히 피곤해진다. 아무리 명성이 높은 대학이라 해도 이런 식으로 교수의 일상생활을 감시한다면 교수에게 좋은 대학이 될 수 없다.

학교 교직원으로 근무하는 재단 친인척 여부도 굉장히 중요한 요소이다. 재단은 대학 교직원 인사권을 가지고 있다. 다른 데서 자리를 잡지 못하는 친인척이 있을 때 대학에 자리를 내주곤 한다. 교수가 되기 위해서는 박사학위와 논문 등 자격이 있어야 하니 친인척 교수를 앉히는 건 어려울 수 있지만, 일반 직원은 그런 제약도 없다. 많은 재단이 친인척들을 대학 직원으로 채용한다.

직장인들이 스트레스를 해소하는 가장 효과 좋은 방법이 자기들끼리 회사나 사장 욕을 하는 것이다. 그런데 재단 친인척이 직원 중에 있으면 교직원들은 회사 욕을 할 수 없다. 사적인 자리, 회식 자리에서도 그럴 수 없다. 욕을 하면 언제 그 사실이 재단 측에 알려질지 모른다. 친인척 직원은 그런 말을 재단에 전달하려고 할 생각이 전혀 없다 하더라도, 일반 직원 입장에서는 친인척 직원 앞에서 솔직히 말하기 어렵다. 주위에서 같이 일하는 사람들이 믿고 말할 수 있는 동료가 아니라 회사에 밀고할 가능성이 있는 잠재적 스파이다. 직장에서의 일상생활이 편해질 수 없다.

최악의 사례는 재단은 교수들을 상대로 돈벌이를 하는 경우이다. 건설기업이 운영하는 재단에서 교수들에게 미분양된 아파트를 강매할 때도 있었다. 돈이 부족하면 교수들에게 기부금 등을 종용하는 대학도 있다. 과거에는 교수로 채용하는 대가로 돈을 요구하는 대학도 있었다. 20년 전만 하더라도 대학에서 새로 임용될 교수에게 돈을 요구했다는 말을 심심찮게 들을 수 있었다. 하지만 최근 10년 사이에는 들은 적이 없다. 이런 점은 그래도 나아졌다고 본다.

어쨌든 교수 입장에서 좋은 대학인지 아닌지를 구분하는 기준은 대학 명성 말고 하나 더 있다. 재단이 어떤가이다. 재단이 나쁘면 직장인으로서의 교수 생활은 굉장히 어렵다.

사학재단은 정말
문제 있는 집단일까?

———————

대학에 관한 뉴스를 보면 항상 재단이 문제의 원흉이다. 대학 개혁을 이야기할 때는 주로 두 가지가 언급된다. 하나는 대학의 신입생 수가 급감하고 있으니 이를 타개하기 위한 개혁, 그리고 다른 하나는 사학재단에 관련된 문제다. 필자도 여기에서 재단이 가진 힘, 재단의 전횡에 관해 많이 이야기했다.

그러면 정말 사학재단이 문제집단인가? 대학, 나아가 중고등학교를 국가나 공공기관이 아니라 개인 – 사학재단이 소유하는 게 이런 문제들의 원흉일까? 필자는 그렇게 생각하지 않는다. 사학재단 측에서 보면 굉장히 억울한 법하다. 필자가 젊었을 때, 친구와 이런 대화가 오간 적이 있다.

"대학을 운영하는 사람들은 굉장히 훌륭한 사람들이래."

당시 사학재단의 비리가 사회적 문제시 되어 언론에서 굉장히 떠들 때였다. 사학재단은 사회적 문제인데 그 사람들이 훌륭한 사람들이란 건 무슨 말인가? 이 친구는 자기 생각을 말한 게 아니었다. 친척이 해준 말을 나에게 옮기는 거였다.

> "대학을 만들 돈으로 회사를 세우거나 다른 곳에 투자했으면 훨씬 더 많은 돈을 벌 수 있는 거래. 그런데 그런 수익을 포기하고 대학을 만들었잖아. 돈보다는 정말로 교육에 관심을 가진 사람들이 하는 거래."

이때는 내가 20대였다. 돈, 투자에 관해서는 거의 아는 게 없는 때였다. 그래서 친구의 말에 공감할 수 없었다. 그냥 '친구가 그런 말을 했다'라는 정도로만 인식하고 넘어갔다.

나이가 한참 더 들고 돈에 관해서 좀 더 알게 된 이후에 친구의 말에 공감했다. 정말이다. 대학을 만든 사람들, 사학재단 사람들은 정말로 돈보다는 다른 가치에 중점을 두는 사람들이다. 그렇지 않으면 대학을 만들 수가 없다. 대학이라는 게 몇억, 몇십억 원으로 세울 수 있는 게 아니다.

일단 대학은, 아무리 조그만 대학이라 해도 커다란 건물이 몇 개는 들어서 있다. 수도권, 대도시 주변에 그 정도 땅과 건물을 가지고 있으려면 몇백억 원은 든다. 서울에 있는 금싸라기 땅의 대학은 적어도 몇천억 원에 달한다.

그 정도 돈을 투자해서 대학을 만들지만 그런 투자에서 들어오는 수익금은 없다. 일반 회사에서는 수익이 생기면 그 돈을 배당금 형식으로 주주가 챙길 수 있다. 은행에 그 돈을 넣어두었다면 이자가 나온다. 100억이라면 못해도 2~3억의 이자수익이 나오고, 1,000억 원이면 20억~30억 원이 해마다 나온다. 그런데 대학은 다르다. 일단 대학 운영에서는 수익이 잘 나지 않는다. 설사 수익이 나더라도 재단 소유자는 그 돈을 빼내 올 수 없다. 재단 소유자는 그냥 소유자일 뿐이다. 재단의 이익을 챙기지 못한다. 대학을 세우지 않고 그 돈을 다른 데 투자했다면 1년에 몇십억 원의 돈을 해마다 챙길 수 있었을 텐데, 대학을 세우면서 그런 수익을 다 포기했다.

돈을 받아가지 못하는 것은 그래도 괜찮다. 문제는 지금 대학들은 모두 다 적자라는 점이다. 대학등록금 동결이 10년 넘게 이어지면서 모든 대학이 적자에 허덕인다. 그 적자를 보전하기 위해서 재단에 돈을 더 낼 것을 요구한다. 몇백억, 몇천억 원을 투자했는데 그에 관해 보상은 해주지 않고 돈을 더 내란다. 본인이라면 이런 기업이 있으면 바로 모든 주식을 처분한다. 투자할 대상이 아니다.

그래도 대학을 세운 사람이라면 돈보다는 대학이 더 중요하기 때문에 그런 희생을 감수했었다. 문제는 창업자가 죽고 그 자식들, 손자들이 재단을 물려받은 경우이다. 지금 대학들은 몇십 년 전에 생겼다. 대학을 세운 사람은 이미 다 별세했고 자식, 손자들이 사학재단을 이어받았다. 창업자는 교육에 관심이 있어서 대학을 설립하고 운영했다. 그런데 자식들도 교육에 관심이 있어서 운영하는 경우는 별로 없다. 자식들은 별 관심이 없으면서 대학을 물려받는다.

겉으로 보기에는 사학재단은 몇백억, 몇천억 원의 재산을 보유하고 있다. 이 재단의 지분을 보유하고 있는 자식들도 엄청난 부자들이다. 그런데 사학재단으로 가지고 있는 것은 정말 '빛 좋은 개살구'이다. 대학이 아니라 회사를 물려받았으면 회사 수익금을 배당으로 받아 떵떵거리며 살 수 있을 것이다. 회사를 운영하기 싫으면 회사를 팔아서 그 돈으로 자기가 하고 싶은 것을 하면서 살 수 있다. 명예가 필요하면 회사의 사장, 부사장으로 취임할 수도 있고 자식들, 친척들을 회사 직원으로 채용하여 부족함 없이 잘 살아갈 수 있다.

그런데 사학재단은 수익금을 빼낼 수 없다. 오히려 돈을 더 내라고 졸라대는 골칫덩이다. 회사와 달리 대학은 폐업할 수도 없다. 더는 대학을 운영하지 않겠다고 하면 사학재단 재산을 소유자들에게 돌려주는 게 아니라 국가가 몰수해버린다.

자기들은 대학 운영에 관심이 없지만 그렇다고 대학 운영에서 손을 뗄 수도 없다. 손을 떼면 모든 재산이 국가에 귀속된다. 팔아버리고 싶은데 사정을 아는 사람은 대학을 사려고 하지 않는다. 대학 사정을 잘 모르는 대기업이 대학을 산 경우가 있는데, 엄청난 돈을 집어넣으며 고생하고 있다. 사학재단을 보유한 자식들은 겉으로는 분명 부자인데 들어오는 돈이 없다. 대학의 돈을 이리저리 빼돌리려는 탈법이 여기서 비롯된다.

또 일반 회사라면 창업주의 후손들이 회사를 물려받는 것을 당연하게 생각한다. 창업주의 자식들이 사장, 전무, 상무 자리를 꿰차고 앉아도 특별히 비난하지 않는다. 잘하는 일이라고 칭찬하지는 않아도 해서 안 되는 일은 아니다. 그런데 사학재단은 그럴 수 없다. 교수가 되기 위해서는 필연적으로 박사학위와 논문실적 등이 있어야 한다. 그리고 중산층 중에서는 박사학위자가 많이 나오지만, 몇백억 원 부자들 집안에서는 박사학위자가 잘 나오지 않는다. 먹고살 걱정이 없는 부자들, 공부 안 해도 먹고사는 데 지장이 없는 부자들이 그렇게 오랫동안 열심히 공부할 필연성이 클 수 없다. 창업주 후손들은 보통 교수가 아니라 직원으로만 들어갈 수 있을 뿐이다.

대학을 소유했다고 마음대로 운영할 수 있는 것도 아니다. 회사라면 부서 하나 새로 만들고 없애는 건 일도 아니다. 하지만 대학에서는 학과 하나도 마음대로 만들 수 없고 없앨 수도 없다. 모두 교육부의 허가가 필요한 사항이다.

대학을 세우고 운영하겠다는 투철한 사명감이 있으면 괜찮다. 하지만 창업자가 아닌 2세들이 그런 사명감이 있길 바라는 건 힘들다. 대학 운영에 별 관심이 없으면 대학에서 손을 뗄 수 있어야 한다. 그런데 2세들 입장에서는 대학에서 손을 뗄 방법이 없다.

전 재산을 포기하면 손을 뗄 수 있는데, 몇백억 몇천억 원의 돈을 모두 내놓고 나가라고 하면 나갈 사람은 아무도 없다. 가지고 싶지 않은데 억지로 가지고 있는 것이고, 운영하고 싶지 않은데 손을 뗄 수 없다. 그런 상태에서 운영하면 파행이 발생할 수밖에 없다.

사학재단이 문제라고 하면서도 정부 측에서도 막상 내칠 수 없는 것은 그 때문이다. 사학재단은 사실 엄청난 희생을 하고 있다. 분명 사유재산인데도 불구하고 재산권을 행사할 수 없고, 대학 운영도 마음대로 하지 못하게 한다. 또 감사라는 명목으로 계속 조사하고 감시하며 통제한다. 이 상태에서 사학재단에서 손을 떼라고 하는 것은 그냥 재산몰수에 불과하다.

현대 사회에서 재산몰수까지는 할 수 없으니 사학재단을 내칠 수도 없다. 이런 사학재단에게 정당한 보상을 해주고 대학에서 손을 뗄 수 있도록 해야 한다. 그러지 않는 한 사학재단의 문제는 계속 이어질 수밖에 없다.

7장

교수를 둘러싼 문제들

논문 표절,
어떻게 생각해야 할까?

교수가 장관으로 지명되면 인사청문회가 열린다. 인사청문회에서 그 교수의 과거를 검증하게 되는데, 항상 논문 표절 이야기가 나온다. 교수를 대상으로 인사청문회가 열리면 여지없이 표절 시비가 발생한다.

필자는 그런 표절 시비가 생기면 그 표절했다는 논문의 발표 시기를 살펴본다. 최근 15년 이내에 발표된 논문에서 표절 시비가 발생했다면 그때는 그 교수를 변명해줄 생각이 없다. 그건 그 교수가 분명 잘못했거나 부주의했던 거다. 그런데 표절 논문이 그전에 발생한 것이라면? 2000년대 초중반이나 그 이전 1990년대에 발생한 것이라면? 그러면 좀 안타깝게 생각한다. 그 교수를 비난하기 어렵다. 지금 기준으로는 표절이지만, 그 당시는 그게 별문제가 아니었다. 시대마다 표절의 기준이 바뀌었기 때문이다.

필자는 2000년에 행정학 박사과정을 시작했고 2002년 2월에 수료했다. 그리고 2002년부터 논문을 학회에서 발표하고 학술지에 게재하기 시작했다. 당시에는 관련 논문을 보려면 직접 학술지를 찾아봐야 했다. 학자들이라고 해서 자기 분야 모든 학술지를 다 읽어보기는 어렵다. 유명하고 좋은 학술지를 주로 보았다. 그래서 당시에는 '어떤 학술지가 좋으냐'가 상당히 중요했다. 이름있는 학술지에 실리면 사람들이 많이 본다. 하지만 이름 없는 학술지, 그래서 사람들이 잘 보지 않는 학술지에 실리면 사람들이 볼일이 없다. 논문은 읽는 사람이 거의 없는 법이지만, 이름 없는 학술지에 실리면 정말 아무도 안 읽는다.

그래서 이때는 질이 안 좋은 곳에 실린 논문을 수정해서 좋은 논문집에 다시 실어도 되었다. 아무도 안 보는 학술지에 싣는 건 별 의미가 없었고, 조금이라도 더 많은 사람이 보는 학술지에 실어야 의미가 있었다. 또 당시 수준이 아주 낮다고 여겨진 학술지는 원고 모집이 어려웠다. 그러면 편집자는 교수들에게 부탁해서 원고를 받았다. 이때는 정말 어떤 논문이라도 상관없었다. 이미 출간된 논문을 조금 수정해서 내도 괜찮았고, 완전 초고 상태인 논문도 상관없다. 발간 자체가 중요했기에 어떻게든 편수를 맞추고자 했다. 논문지의 질을 위해서는 어딘가 게재된 논문을 다시 내달라고 부탁하는 게 오히려 더 나은 선택이었다.

또 다른 사례도 있다. 과거 학자들은 다른 분야 학술지는 읽을 일이 없었다. 행정학자는 행정학 저널만 읽지, 경제학 저널, 경영학 저널까지 읽기는 힘들다. 학술지, 논문집은 서점에서 파는 상품이 아니다. 그 학회에 가입해서 회비 등을 내야만 논문지를 받아볼 수 있다. 그리고 학회 가입도 아무나 받지 않는다. 해당 학문 분야에서 최소한 석사급은 되어야 학회에 가입된다. 지금도 해당 분야에서 박사학위를 받아야만 가입이 가능한 학회가 있다. 이런 상태에서 다른 분야의 논문집을 읽는다는 건 절대 쉽지 않은 일이다.

이때 정책학 분야에서 관광정책을 다룬 좋은 논문이 나왔다고 하자. 그런데 이건 정책학자들만 알지, 관광학 분야에서는 알 수 없다. 관광학자가 이 논문의 존재를 알게 되면, 그 주된 내용을 따서 관광학 분야에 논문을 쓴다. 아니면 정책학자가 관광학 논문지에 원래 논문을 조금 수정해서 다시 기고하기도 한다. 이 논문은 새로운 것을 발견하는 논문이 아니라 처음 정책학에서 게재한 논문을 조금 바꾼 수준이다. 그런데 이게 관광학 분야에서는 완전히 새로운 이야기이다. 이건 표절인가, 아닌가? 애매했다. 같은 학계라고 해도 분야에 따라 완전 다른 세상이다. 한쪽에서는 묵은 이야기가 다른 쪽에서는 완전 새로운 이야기가 된다. 표절인 듯하면서도 확실하게 표절이라고 비판하기가 쉽지 않았다는 것이다.

2000년대, 인터넷이 발달하면서 정보의 성격도 바뀌었다. 그리고 논문 검색시스템이 나오게 된다. Kiss, Riss 등 주요 학술지를 모두 검색해서 살펴볼 수 있는 논문 검색시스템이 활용되면서 논문 활용 방법도 완전히 바뀐다. 논문 검색시스템으로는 좋은 학술지 논문은 물론 상대적으로 질이 떨어지는 학술지에 실린 논문도 모두 한 번에 찾아볼 수 있다. 더 중요한 건 분야를 가리지 않는다는 점이다. 과거에는 자기 분야의 논문만 찾았다. 하지만 이제 '지역축제'를 검색어로 입력하면 관광학, 정책학, 지역경제, 마케팅, 홍보 등 관련된 모든 학문의 논문이 다 등장한다.

비교적 질이 떨어지는 학술지의 논문을 수정해서 좋은 학술지에 다시 싣는 것, 질 낮은 학술지 측에서 괜찮으니 제발 내주기만 해달라고 해서 논문을 제출한 것. 이런 것들이 이전에는 별문제가 없었다. 그러나 모든 논문이 검색되는 시스템에서는 완벽한 중복게재로 판정된다. 이전에는 다른 분야 학술지 내용을 따와도 다른 분야에 새로운 이야기를 소개한다는 의미가 인정됐지만, 이제는 다른 분야의 논문도 다 검색이 된다. 다른 분야의 논문을 소개하는 작업도 표절이다.

물론 당시에도 표절, 중복게재라고 비판받는 논문들이 있었다. 그런데 학술지와 학문분야가 완전히 분리되어있던 당시 상황에서 애매한 상황도 분명히 존재했다. 표절이 나쁘다는 사실은 자명하다. 하지만 그때는 무엇이 표절인지 명확하지 않았다. 20년 전의 논문을 가지고 표절이라고 비판을 할 때, 필자가 해당 교수를 비판하기 어려워하는 이유이다.

그런데 이건 2000년 초중반 이전 논문에 한정된 설명이다. 2000년대 중반 이후 논문 검색시스템이 본격적으로 사용되기 시작한 이후에는 학술지, 학문의 분리는 옛날 일이 되어버린다. 이때 이후 중복되는 이야기가 나온다면, 그건 분명히 표절로 인정되어야 마땅하다.

그런데 중복게재, 표절 이야기를 하면서 논문이 아니라 박사논문, 발표논문, 보고서를 가지고 표절을 운운하는 경우가 있다. 박사논문을 요약정리해서 논문으로 게재한 것, 학회에서 발표한 것을 논문으로 게재한 것, 보고서의 내용을 정리해서 논문으로 게재한 것을 표절이라고 비난하는 경우가 있다. 이때 문장을 비교하면 분명 같은 문장, 같은 문단들이 많이 나온다. 박사논문의 주요 부분을 따서 논문으로 제출했고, 또 보고서의 주요 부분을 따와서 논문으로 만들었으니 당연히 똑같은 문장, 문단들이 나온다. 똑같은 문장이 나오고, 또 같은 내용을 가지고 두 가지 실적을 발표했으니 표절, 중복게재로 본다. 일반인들, 기자들은 이를 표절이라고 비판하지만 학계는 무조건 똑같이 판단하지 않는다. 학계에서 표절, 중복게재를 판단하는 기준은 '논문'만이라고 보면 된다. 물론 다른 사람이 쓴 박사논문의 문장을 가져오면 표절이다. 하지만 자기 박사논문을 요약해서 학술지에 게재하거나 자기가 쓴 보고서를 요약정리해서 논문으로 싣는 건 표절이나 중복게재라 할 수 없다. 학계에서 진짜 지식의 원천으로 인정하는 건 학술지에 실린 논문이다. 학회지에 실려야 다른 사람들이 모두 그 지식을 알고 접하게 된다. 학계에서는 박사논문, 보고서를 요약정리해서 학회지에 게재하는 작업을 사실 굉장히 장려한다.

학회에서 발표한 논문을 학술지에 싣는 건 조금 다르다. 학회에서 발표하는 논문은 그야말로 초고이다. 학자는 학술지에 기고하기 전 미리 논문을 평가받기 위해서 학회에서 발표한다. 여기에서 의견이나 논평을 받고, 내용을 수정해서 학술지에 기고한다. 발표논문이 완벽하면 거의 그대로 학술지에 기고할 수 있다. 즉 학술지 발표논문은 논문을 완성하는 단계로 거치는 과정의 하나이다. 발표논문은 이후 학술지에 게재하는 것을 목적으로 생산된다. 그런데 발표논문과 게재 논문이 주제도 같고 내용도 같다고 해서 표절이라고 비난하는 건 제대로 된 비판이 아니다. 학계 외부의 시선에서는 발표논문과 게재논문이 다르게 보일 수 있지만, 학계에서는 '초본 – 수정본 – 완결본'으로 연결되는 각각의 단계들로 이해할 뿐이다. 학회 발표논문으로 표절 시비를 걸면 곤란하다.

폴리페서

폴리페서Polifessor는 정치에 참여하는 교수를 말한다. 그들은 교수 생활을 하다가 정부의 업무를 담당한다. 장관, 대통령비서실, 정부 위원회 위원장 등의 일을 하다가 그 자리를 그만두게 되면 다시 교수로 복귀한다. 꼭 이렇게 정부 업무를 하지는 않더라도 시민단체 활동 등 어쨌든 정치적 업무와 관련한 일을 하는 교수를 폴리페서라 한다.

폴리페서가 비난을 받는 이유는 두 가지로 본다. 하나는 아무래도 외부활동을 하다 보니 교수 본연의 업무(논문 작성과 강의 수업)는 제대로 하지 못한다. 본업은 하지 않고 다른 일을 더 열심히 하는 것이다. 이렇게 본말이 전도된 사람은 아무래도 이미지가 좋을 수 없다. 다른 하나로, 폴리페서는 기본적으로 양다리를 걸친다. 정치, 정부 업무가 좋으면 그걸 전업으로 하면 될 텐데 절대 그러지는 않는다. 정치판에서 자리가 없으면 돌아올 자리를 항상 마련해두고 있다. 정치와 교수, 항상 둘 중에 자기에게 더 좋은 쪽을 선택한다. 양다리를 걸치면 어느 하나에 몰두하지 못한다. 아무리 능력이 있다 해도 교수 업무와 정치 업무 둘 다 뜨뜻미지근하게 할 수밖에 없다.

필자의 전공은 행정·정책학이었다. 전공이 이렇다 보니 필자가 아는 사람 중에는 폴리페서가 많았다. 정권마다 장관이 되거나 대통령비서실로 들어가거나 공공기관으로 가거나 하는 사람들이 꼭꼭 나온다. 복지 전공 교수는 폴리페서로 활동을 하더라도 복지 분야에서만 활동한다. 하지만 행정·정책은 어느 정책의 한 분야만 한정되지 않고 정부 모든 분야에 한걸음 걸치다 보니 여러 분야에서 폴리페서가 나온다.

필자가 박사과정일 때, 그리고 처음 교수가 되었을 때는 폴리페서에 관해 그리 좋게 보지 않았다. 일단 박사과정일 때 자기 지도교수가 정권에 불려가는 건 절대 좋은 게 아니다. 박사과정생은 빨리 논문을 쓰고 졸업해야 한다. 그런데 지도교수가 2~3년 정부 일을 하러 가면 그사이 졸업이 막막해진다. 또 정부 일을 하는 교수의 일을 도와야 하는 경우도 많이 생긴다. 정부 관련 보고서를 작성하는 일을 하게 되기도 한다.

그리고 더 중요한 건, 폴리페서가 되어 정부에서 한자리 맡고 나면 그다음부터는 연구를 하지 않는다. 폴리페서 되기 전에는 실적이 좋았던 교수도 폴리페서가 된 이후에는 연구실적이 거의 없다. 특히 문제가 되는 건, 한번 정부에 자리를 가졌다가 돌아온 교수들은 몸은 학교에 있더라도 마음은 정치판에 가 있다. 폴리페서가 되기 전에도 정치, 정부 일에 관심을 가지기는 했지만, 그 수준이 다르다. 이때는 정말 교수직을 그만뒀다고 판단될 정도로 마음이 딴 곳에 가 있다. 그런 마음을 가지고 학생을 가르쳐서는 곤란하다. 그래서 이전에는 폴리페서를 부정적으로 생각했었다. 그런데 교수를 좀 하다 보니 생각이 달라졌다. 폴리페서들을 이해하게 된다. 최소한 교수들이 폴리페서의 길을 걸으려는 것을 부정적으로 생각하지는 않게 되었다. 오히려 노력하는 교수들이라고 긍정적으로 생각하는 점도 있다.

교수는 바쁘다. 보통 사람들이 생각하는 것보다 훨씬 바쁘다. 그런데 이 책에서 몇 번 이야기하였듯이 모든 교수가 언제나 항상 바빴던 것은 아니다. 대학평가, 대학구조조정 등이 시작하기 전, 그러니까 10여 년 전에는 교수들이 그렇게 바쁘지 않았다. 또 대학평가 이후라 하더라도 모든 교수가 바쁜 건 아니다. 젊은 교수들이 바쁘다. 학교 서류 업무가 몰리지 않는 중장년 교수, 정교수가 되어 더는 '논문 압박감'이 없는 교수들은 시간이 많다. 이런 교수들이 정말로 반드시 해야 하는 업무는 강의뿐이다. 일주일에 6시간에서 12시간 정도 강의를 하고 나머지 시간은 자기 나름대로 사용할 수 있다.

이런 자유시간이 있을 때, 교수는 무얼 할까? 본격적으로 연구를 할까? 그런데 정교수가 되면 더는 논문을 안 써도 된다. 그동안은 논문을 써야 하니까 썼다. 하지만 이제 논문을 안 써도 된다. 그런데도 계속 연구해서 논문을 써야 할까? 연구를 좋아하는 교수는 계속 논문을 쓰고 책을 쓴다. 그런데 그런 교수는 정말 드물다. 대부분 교수는 연구가 좋아서 이 길을 걸은 게 아니다. 교수가 되고 싶어서 이 길을 걸었다. 교수가 되고 그 자리를 지키기 위해 논문을 쓴 것이지, 정말로 논문을 쓰는 게 좋아서 쓴 게 아니다. 그런 교수들의 연구활동은 딱 여기까지다. 이후로는 연구 실적이 나오지 않는다.

연구활동을 하지 않아도 된다면 여유 시간은 더 많아진다. 많은 교수가 이 시간을 그냥 무위도식하며 지낸다. 특별히 하는 일 없이 유유자적하게 시간을 보낸다. 시간 많은 교수, 한가한 교수의 이미지는 이런 교수들의 모습에서 나온다. 어떤 교수들은 취미 활동에 빠져들기도 한다. 골프에 빠져들거나 당구에 빠져들거나 그림을 시작하거나 와인 등에 몰입하거나. 보통 사람들보다 훨씬 깊은 취미 활동을 하는 교수도 많다.

필자가 폴리페서를 그래도 상대적으로 낫다고 보는 이유는 이 때문이다. 폴리페서는 이때에도 뭔가 하고자 하는 게 있고 나름대로 목적이 있다. 쉽게 말해서, 열심히 산다. 폴리페서는 계속 교수 생활만 하고 있는데 어느 날 갑자기 정치판이나 정부에서 불러들여서 한자리 맡기는 게 아니다. 폴리페서가 되기 전부터 계속 정부 관련 업무를 한 사람들이다. 정부는 평소에 업무 자문, 위원회 활동, 평가 업무, 용역 연구 등을 하기 위해 교수들에게 연락한다. 이런 업무를 평소에 잘하고, 정부 관련 인사들하고 인맥을 쌓는다. 시민단체에서 하는 활동에도 평소에 계속 참여한다. 이런 업무는 거의 봉사이다. 자문비 등을 준다고 해도 만족할 만한 금액은 아니다. 이런 업무를 오래 해서 이름이 알려지고 인맥도 생기고 한 다음에 좋은 자리에 추천을 받게 된다. 교수가 갑자기 장관으로 지명되었다고 해서 정말로 어느 날 갑자기 감투를 쓰게 되었다고 생각해서는 안 된다. 그 교수는 장관으로 임명되기 전에 이미 어떤 식으로든 정부 관련 업무를 10년 이상은 해온 사람이다. 교수가 어느 날 갑자기 국회의원

공천을 받는 것도 아니다. 그 전에 관련 활동을 이미 오랫동안 해온 사람이다.

　그래서 필자는 폴리페서를 비판하기가 어렵다. 정말 오랜 시간 봉사를 하고 관련 업무를 해온 사람들이다. 다른 교수들이 아무것도 안 하고 유유자적하게 지낼 때, 본인이 좋아하는 취미 활동을 주로 할 때, 폴리페서들은 그래도 뭔가 사회적으로 공헌할 수 있는 일을 계속해 온 사람들이다. 목적을 가지고 열심히 활동한 교수들이다. 또 학교 학생들이 아니라 외부 인사들 앞에서 뭔가 이야기를 하려면 공부도 더 해야 한다. 논문은 쓰지 않았다고 해도 관련 업무 현황과 돌아가는 실태에 관해 계속 관심을 가지고 지식을 습득하는 사람들이다.

　참고로, 사회적으로는 폴리페서를 비판하지만 사실 학교나 학생들은 폴리페서를 싫어하지 않는다. 오히려 유명한 폴리페서가 있으면 더 좋아한다. 폴리페서가 있으면 학교 홍보에 좋다. 또 대학 행정은 정부에 꽉 잡혀 있다. 정부에 학교 측 고위층 인사를 두고 있으면 학교에 큰 도움이 되지 절대 손해는 아니다. 그리고 학생들에게도 나름대로 긍정적이다. 전에 수업을 들은 교수가 장관이 되었다거나, 전에 장관을 지낸 교수의 수업을 들었다거나 하는 건 나름대로 자랑거리가 된다. 나름대로 이런저런 이유가 있어서, 폴리페서가 사라지는 일은 없을 것 같다.

교수의 학회 활동

───────

　교수들의 외부활동 중 하나로 거론되는 것 중 하나는 학회 활동
이다. 외부 강의 활동, 외부 자문 활동, 위원회 참가 등은 사실 모든
교수가 하는 게 아니라 일부 교수만 한다. 전국 모든 교수 중에서
이런 활동을 하는 교수는 상대적으로 소수이다. 그런데 전국의 교
수들이 대부분 참여하는, 아니면 참여했던 외부활동이 있는데 바로
학회이다.

　학회는 논문을 발표하고 토론하는 자리이다. 학회는 어떤 학회이
든 구성이 비슷하다. 여러 세션으로 나뉘어 논문발표자가 있고 토
론자가 있다. 세션마다 2~4편의 논문이 발표되고 토론자가 그 논문
에 관해 논평한다. 사회자가 세션을 주재한다. 또 청중이 있다. 청중
은 모두 교수, 연구원, 석박사과정 등 연구 분야에 있는 사람들이다.
토론자의 논평이 끝나면 청중 중에서 논문에 관련된 질문을 하고
발표자는 이런 질문에 응답한다.

　학회에서 발표하는 논문들은 어떤 논문들일까? 이 논문들은 대
부분 초고 단계이다. 학술지에 정식으로 기고하기 전에 학술대회에

서 발표를 한다. 논문을 기고하기 전에 학술대회에서 발표하는 이유는 두 가지이다. 첫째, 논문을 기고하면 심사를 받는다. 심사에서 통과가 안 되면 수정해서 다른 학술지에 기고하게 되는데 이 과정이 시간도 오래 걸리고 수정과정도 쉽지 않다. 기고하기 전에 미리 한번 검토를 받고 수정을 하면 그 과정을 훨씬 단축할 수 있다. 학회에서 발표를 하면 토론자의 논평이나 견해를 받는다. 이에 따라 수정을 하면 논문이 더 나아진다. 학회 발표는 정식으로 논문 기고를 해서 심사를 받기 전에, 미리 간편한 피드백을 받는 과정이다.

둘째, 쓰고 싶은 논문이 있다. 그런데 이 논문이라는 게 외부에서 쓰라고 압박하는 것도 아니고 꼭 써야만 하는 것도 아니다. 그냥 혼자 스스로 쓰려고 하는 것이다. 압박감이 없다 보니 잘 써지지 않는다. 머릿속으로만 "써야지."라고 생각하고 시간만 흘러간다. 이때 학회에 발표를 신청하면, 학회 발표날이 마감 날짜가 된다. 이때까지는 반드시 논문을 써야 한다. 비록 초고라 하더라도 어쨌든 '서론 - 본론 - 결론'이 나와줘야 한다. 학회 발표는 강력한 동기를 제공한다.

학회에는 발표자 외에 사회자, 토론자, 또 청중으로만 참석하는 사람들도 있다. 이 사람들이 학회에 참여하는 동기는 따로 있다. 학회에서 발표되는 논문은 아직 학술지에 게재되기 전의 논문들이다. 보통 현재 학문의 동향을 파악할 때는 학술지를 본다. 그런데 학술대회에 참여하면, 학술지에 실리기 전의 논문들을 볼 수 있다. 학술지를 보는 것보다 훨씬 빨리 그 경향을 파악할 수 있다. 사실 학회 발표논문 중 많은 논문이 학술지에 게재되지 않고 사라진다. 아이디어 차원에서만 제시되고 논문이 되지 못하는 글도 많다. 학술대회에 가면 그 아이디어들도 파악할 수 있다. 상품으로 따지면, 완성품이 아니라 시제품 단계, 연구단계의 상품들을 볼 수 있는 것이다.

지금까지 말한 건 학술대회의 공식적인 기능이다. 그런데 사실 학술대회의 가장 중요한 기능은 이런 게 아니다. 학술대회의 가장 중요한 기능은 인적 네트워크, 즉 인맥을 형성하는 것이다. 학자, 연구자들 사이에 인적 네트워크가 만들어지는 곳이 바로 학술대회이다.

박사과정에 들어가서 논문을 쓰고 졸업을 했다고 하자. 그러면 이 학생이 아는 사람들은 누구일까? 같은 학교에서 박사과정을 밟은 동기와 선배, 그리고 자기 학교의 교수들뿐이다. 학교는 한 분야의 전공자는 보통 한 명만 둔다. 사학과라 하면 동양사학 전공 1명, 서양사학 전공 1명, 국사 전공 1명, 고대사 전공 1명 등의 형식으로 구성되어 있다. 세부 전공자 대부분은 다른 학교, 연구소들에 있다. 그런데 학교에서만 지내다 보면 같은 분야를 연구하는 사람들을 만날 기회가 없다.

학술대회는 관련 전공자들을 모두 만날 수 있는 자리이다. 자신이 소속된 학교 사람만이 아니라 전국에 퍼져있는 연구자들을 만날 수 있는 기회의 장소이다. 학술대회에서 한번 만난다고 무슨 인맥이 되겠냐고? 인사만 나눈 사이에 무슨 관계가 형성되느냐고? 학술대회는 해마다 열린다. 춘계 - 하계 - 추계 - 동계로 4번 열리기도 하고, 하계 - 동계 2번 열릴 때도 있다. 학회에 참석하면 1년에 2~3번은 꼬박꼬박 얼굴을 본다. 한번 보고 다시 안보는 게 아니라, 수년 동안 계속 만난다. 10년 동안 학회를 참석하면 10년간 얼굴을 보는 사람들이 생긴다.

보통 사람들이 1년에 1~2번이라도 10년 정도 계속 얼굴을 보는 사람이 누가 있나? 가족, 가까운 친구나 친인척, 그리고 직장동료들밖에 없을 것이다. 처음 학회에 참석하면 아는 사람이 아무도 없다. 그러나 계속 학회에 참석하면 아는 사람들이 점점 많아지고 결국 전공자들 대부분을 서로 알게 된다.

그냥 얼굴만 본다고 친해질 수 있나? 당연히 얼굴만 안다고 친해지지는 않는다. 학회는 서로 얼굴 보는 곳이 아니다. 발표하고 그에 관해 질문하고 이야기를 나눈다. 서로 대화를 한다. 그냥 청중으로 참여해서 듣기만 하면 서로 대화를 할 만큼 친한 사람이 생기기 힘들다. 그러나 계속 발표자, 토론자로 참석을 하면, 그리고 청중으로만 참여하더라도 발표자, 토론자에게 질문하면, 정말 많은 사람하고 서로 인사하고 대화하는 관계가 형성된다.

개인적으로 학회는 인맥 유지에 참 좋은 곳이라고 생각한다. 일단 대학만 해도 졸업한 다음에 동기, 선후배를 만나기 힘들다. 개인적으로 친해서 따로 연락하지 않는 한 만날 일이 없다. 동기 같은 경우에는 나이가 좀 들면 동기회가 생기지만, 선후배는 만날 기회가 없다. 석사과정도 마찬가지다. 그런데 박사 동기, 박사 선후배는 계속 만나게 된다. 학회를 가면 만날 수 있다. 프로젝트에서 만난 사람, 위원회 등에서 만난 사람 등도 만날 수 있다. 학회에서의 만남은 특별한 이해관계가 없다. 그런 상태에서 수년간 계속 만나게 되면 인맥이 저절로 생길 수밖에 없다.

이렇게 오래 학회에 참석하고 인맥이 생기다 보면, 학회 이사직을 맡게 되고, 또 학회 위원장, 회장 등도 맡을 기회가 생긴다. 이런 직책은 사실 하는 일이 거의 없다. 학회에서 실제 일하는 사람은 회장, 총무위원장, 연구위원장 등 극소수이다. 대부분은 명예직으로 이름만 걸어놓고 있다. 하지만 외부인은 모른다. 학회 이사, 위원장, 부회장 등의 이름을 걸고 있으면 뭔가가 있는 것으로 생각한다. 외부활동할 때 이력서에 몇 줄 더 들어가는데, 이게 의외로 효과를 내는 경우가 많다.

그런데 학회에 계속 참가하기 위해서는 부담스러운 요소도 있다. 무엇보다 논문을 계속 발표해야 한다. 1년에 2편 이상의 논문을 계속 발표하는 건 그리 만만하지 않다. 신진 학자일 때는 몰라도 나이가 좀 들어서 1년에 2편 이상의 논문을 계속 학회에서 발표하는 건 쉽지 않다. 발표는 하지 않고 토론만 하면 되지 않나? 그런데 학회는 전국을 돌면서 열린다. 대부분 다른 지역으로 멀리 이동하게 되는데, 서울에서 부산까지 가서 토론 10분하고 올 수는 없다. 발표는 하지 않고 단지 토론만을 하면서 학회에 계속 참석하기는 쉽지 않다.

비용도 문제다. 속초에서 2박 3일 열리는 학회에 참석한다면, 사실 그건 여행이다. 그만큼의 비용이 들어간다. 어쩌다 한번 가면 휴식 여행이 될 수 있지만, 해마다 몇 번 계속 참석한다고 하면 그 비용도 만만찮다. 등록금 동결로 교수의 실질 월급이 계속 줄어들고 있는 현실에서 이걸 부담스러워하는 교수들도 늘어나고 있다.

이런저런 이유로 나이가 들수록 학회에 참석하는 교수들은 점점 감소한다. 연구활동을 하지 않고, 논문을 쓰지 않게 되면 학회에 참석하지 않게 된다. 또 취직하기 전, 인맥이 있기 전에는 학회에 많이 참석하더라도, 이미 자리를 잡아서 따로 인맥이 필요하지 않게 되면 학회를 더는 가지 않는 교수들도 많다. 그렇게 자연스럽게 학회 구성원의 세대교체가 이루어진다.

고등학생이 논문을 썼다?

교수 비리와 관련해서 자주 언론을 타는 주제 중 하나는 고등학생들이 논문 저자로 올라갔다는 문제이다. 정확히 말하면 교수가 논문을 발표할 때 학생, 특히 고등학생이 논문 공저자로 등록되는 경우이다.

지금은 이런 일이 거의 벌어지지 않는다. 4~5년 전에 교육부는 대학입시에서 논문 게재를 점수로 인정하지 않겠다고 발표했고, 그때부터는 고등학생들이 논문 공저자로 이름 올리는 일은 없어졌다. 또 교육부는 교수들이 고등학생과 공저자 한 논문들을 찾아내서 해당 교수들을 징계했고, 대학교수의 공저자가 가족, 친척, 그리고 학생인지 아닌지를 확인하기도 했다.

지금은 고등학생이 논문 저자로 이름을 올리는 일은 없다. 그러나 그런데도 가끔 언론에서 고등학생의 논문 공저자 건이 터진다. 청문회 등에서 장관 자녀가 고등학생 때 논문 공저자로 이름을 올린 일이 드러나는 등 주로 과거의 일을 파헤치다가 드러난다. 이런 일이 불거지면 언론에서는 교수들의 부도덕성과 대학입시 점수를 받기 위해 이름만 올리는 행태를 비판한다. 그리고 청문회나 법원에 나선 당사자는 부당한 일이 아니라고 주장한다. 연구에 참여했고, 기여도 했다고 주장한다. 직접 논문을 쓰진 않았다 하더라도 참신한 아이디어로 제공했고, 실험과정 등에서 역할이 있었다고 주장한다. 이들은 오히려 억울함을 내비치기도 한다. 고등학생이라고 해서 논문에 이름 올린 게 무조건 부당한 일이라고 하는 건 편견 아닌가? 고등학생이라 해도 똑똑하고 우수한 학생이면 충분히 논문을 쓸 수 있는 것 아닌가? 혼자 다 쓰지는 못한다고 하더라도 연구자들과 공동 작업을 한다거나, 최소한 연구 과정에 참여해서 어느 정도 기여는 할 수 있는 거 아닌가? 왜 무조건 고등학생이 논문저자라는 것에 비판적인 말부터 하는가?

논문을 잘 모르는 사람은 이런 말을 들으면 어느 정도 받아들여지는 것 같다. 맞다. 고등학생이라 해도 충분히 연구에 참여할 수 있고 아이디어를 제시할 수 있다. 그러니 '공저에 들어갈 수도 있지 않을까? 학생이 논문 저자에 이름이 들어갔다는 것 자체를 문제 삼기보다는, 과연 이 학생이 논문 작성과정에서 어떤 역할을 했는지를 확인하는 게 우선 아닌가? 그래서 어떤 식으로든 논문 작성과정에 참여했다면 인정을 하고, 정말로 아무것도 하지 않고 이름만 올라갔을 때 비난해야 하지 않을까?'라고 생각할 것이다.

그런데 필자는 이 점에 관해 분명히 단언할 수 있다. 고등학생은, 아니 대학생이라 하더라도 논문에 공저로 올라갈 수는 없다. 논문 과정에 참여했다고 해도 마찬가지이다. 연구자들이 회의하는 장소에 참석했다 해도, 실험과정에서 도움을 주었다 해도 논문 공저자가 될 수는 없다.

일단 고등학생이라 하더라도 본인이 열심히 했다면 논문 공저자가 될 수 있다는 발상은 논문 쓰기를 너무 간단한 작업으로 오해한 잘못에서 비롯된다. 똑똑한 고등학생이라면 블로그에 좋은 글을 쓸 수 있을 것이다. 신문에 좋은 기사를 쓸 수도 있고, 좋은 리포트를 쓸 수도 있다. 훌륭한 보고서를 쓸 수도 있다. 필자도 인정한다. 그런 건 고등학생이라도 다 할 수 있다. 하지만 논문은 아니다. 그런 것과 논문을 같은 수준으로 놓고 생각한다는 발상 자체가 논문이 무엇인지 아무것도 모르는 상태라는 증거다.

논문 내용을 쓰는 건 몰라도 참신한 아이디어를 제시하는 것은 가능하지 않을까? 그것도 아니다. 논문 수준에서 이야기하는 아이디어는 굉장히 세부적이다. 해당 분야의 전문지식이 없는 사람이 보면 이 논문과 저 논문이 뭐가 다른 건지 구별도 못 한다. 설사 새로운 발상으로 아이디어를 제시했다고 해도 마찬가지이다. 비전문가가 제시할 수 있는 아이디어는 '휘발유, 경유, 전기, 수소 자동차는 있는데, 소금물로 움직이는 자동차는 없네요. 소금물은 바다에 많으니 소금물로 움직이는 자동차를 만들면 연료 걱정도 없고 공해 문제도 없고 좋지 않을까요?'라고 말하는 수준이다. 설사 이 말에 영감을 받아 다른 사람이 소금물로 움직이는 자동차를 발명했다고 해서, 이 아이디어를 제시한 사람에게 특허를 인정해줄 수는 없다. 이런 식의 아이디어는 누구나 다 제시할 수 있다. 그 아이디어를 가지고 소금물 자동차를 만든 사람이 특허 권리를 가져간다.

자료수집, 실험과정에 참여했다고 해도 마찬가지이다. 앞에서 대학원생의 저자 문제를 이야기했을 때처럼 자료수집, 실험과정에 참여했다고 해서 논문 저자로 올라갈 수 있는 건 아니다. 그건 그야말로 논문 작성과정에서 도움을 주었을 뿐이다. 논문 작성에 도움을 주신 분의 명단에 올라갈 수는 있어도 논문 저자로 올라갈 정도는 아니다. 학생이 논문 저자에 이름이 올라가는 건 교수, 연구자가 쓴 논문에 그냥 이름만 올려줬다고 봐도 된다. 정말로 논문 저자가 될 정도로 기여한 것은 없다. 이 부분만은 자신 있게 말할 수 있다.

그런데 그렇다고 해서 '고등학생이 논문 저자가 된 것이 부당하고 나쁜 일이냐?'라고 묻는다면, 그건 아니다. 현재는 정말로 논문 저자로 자격이 있는 사람만 이름이 올라가지도 않는다. 실험에 어떤 식으로 조금만 참여를 해도 논문에 이름을 올리고, 같은 연구실에 있다는 이유로 이름을 올리는 경우가 워낙 일반적이다. 회의에 몇 번 참여만 해도 그냥 이름을 올려주기도 한다. 고등학생이 이런 식으로라도 논문 과정에 참석했다면, 지금 학계와 실험실 풍토로 고려했을 때 이름이 올라갔다는 사실 자체를 부당하다고 평할 수는 없다.

그런저런 이유로 필자는 고등학생을 논문 저자로 올렸다는 이유로 비난받고 문제시되는 교수들을 볼 때, '저런 짓을 하다니 나쁜 교수였구나.'라고 비난하지 않는다. '재수가 없었네.'라고 안타까워한다. 이건 현대 한국의 입시제도가 만들어낸 부조리한 문제일 뿐, 교수 비리의 문제로 일축할 수 없다.

일단 한가지 짚고 넘어가자. 사실 교수, 연구자들은 논문 저자에 굉장히 민감하다. 같은 저자라 하더라도 제1 저자인지, 제2 저자인지, 제3저자인지에 관해서도 굉장히 민감하게 반응한다. 논문에서는 공저자를 함부로 올릴 수 없다. 서로 다투고 완전히 사이가 갈라지기도 한다.

교수가 논문에 아무런 기여가 없는 사람에게 "여기 저자로 들어오지 않을래?"라고 제시하는 경우는 없다. 그런데도 저자로 들어오는 경우는 한가지이다. 이름을 넣어달라고 부탁하는 경우이다. 이런 부탁도 아무한테나 할 수 있는 일이 아니다. 이게 얼마나 민감한 일인지 교수, 연구자들은 다 알고 있다. 서로 깊은 신뢰가 없을 때는 절대 부탁할 수 없다.

그런데 자식이, 조카가, 친구 자식이 부탁하면 어떻게 될까? 정확히 말하면 자식, 조카, 친구 자식이 직접 부탁하는 게 아니라, 부부 사이에서, 형제자매가, 친한 친구가 부탁을 한다면 이런 부탁을 들어줘야 할까? 아니면 거절해야 할까? 부탁하는 일이 범죄라면 거절할 것이다. 하지만 논문에 이름 올리는 일이 범죄는 아니다. 그럼 범죄가 아니라 해도 나쁜 일인가? 다른 사람의 이름을 올리면 기분 나쁜 일이긴 하지만 사실 나쁜 일이라고 생각하지는 않았다. 이게 사회적으로 큰 문제가 되기 전에 논문에 이름 올려주는 일이 나쁜 일, 해서는 안 되는 일이라고 생각한 교수는 별로 없었을 것이다.

누군가 필자에게 이런 부탁을 했다면 어땠을까? 분명히 말할 수 있다. '중요한 것도 아닌데, 올려줄게.'라고 했을 것이다. 단지 필자 주변에는 그 시기에 대학입시생이 없어서 필자에게 부탁하는 사람이 없었을 뿐이다. 비슷한 나이대의 조카가 있는데, 논문이 대학입시 점수에서 제외된 다음에 입시생이 되었다. 조카가 대학입시에 필요하다고 부탁했다면 분명히 나도 그렇게 했을 것이다. 그렇기에 필자는 이런 사례를 두고 비판하기 어렵다. 필자가 걸리지 않은 건 단지 시기가 달랐던 운 때문이라 생각한다.

　가장 근본적인 문제는 고등학생의 논문을 점수로 인정하는 대학 입시 제도다. 말도 안 되는 조건을 붙였고, 그러니 그 조건을 받기 위해 학부모와 학생들이 노력하는 와중에 발생한 일이다. 필자는 이 건으로 문제가 된 교수들을 향해 그저 "참 안 됐다"라는 말밖에 할 수 없다.

교수라는 직업의 전망

인적 자원의 문제

· ·

지금 교수는 사회적으로 좋은 직업으로 인정받는다. 어디를 가도 대접을 받는다. 대접받는다고 해서 어디 갔을 때 다른 사람들이 우러러본다거나 칭송을 받는 건 아니지만 어디를 가도 무시당하지는 않는다.

다른 직업 중에서도 대접을 받는 직업은 있다. 그런데 아무리 좋은 직업이라 해도 모든 곳에서 대접을 받지는 않는다. 대접해주는 곳도 있고 피하고 욕하는 곳도 있다. 변호사가 좋은 직업이라고 하지만 법정에 가면 변호사는 갑이라기보다는 을이다. 의사도 좋은 직업이라고 하지만, 막상 진상 환자 앞에서는 을이다. 또 의료보험 적정성을 평가하는 심사원들 앞에서도 의사는 갑이 될 수 없다.

교수라는 직업의 특징은 교수를 적대시하고 싫어하는 곳이 거의 없다는 점이다. 어디를 가도 갑은 아니더라도 최소한 을이 되지는 않는다. 한국 사회에서 검사가 '절대갑'이라고는 해도, 검사 조직 내부는 기본적으로 상명하복 체제이다. 그런데 교수 세계는 그런 조직 문화도 딱히 없다. 자기 과의 직속 선배 교수라 해도 상명하복 체계가 아니다. 대등한 관계는 아니라 해도, 그렇다고 갑을 관계는 아니다.

교수는 돈을 아주 많이 벌 수는 없지만 그래도 중산층으로 살기에 충분한 수입은 된다. 중산층 중에서도 상위 중산층 수준이다. 최근 등록금 동결로 학교 재정이 좋지 않아 박봉의 교수들도 많이 있지만, 그래도 대부분 교수의 연봉은 중산층 수준은 된다. 어디 가든 대접받을 수 있고, 먹고살기도 괜찮은 교수는 분명 좋은 직업이라 할 수 있을 것이다.

그러면 앞으로도 교수의 위상은 좋을까? 앞으로 10년, 20년 후에도 교수는 지금의 사회적 평가를 받을 수 있을까? 아니라고 본다. 이미 교수의 위상은 떨어지고 있다. 앞으로 10년 후 교수의 위상은 더더욱 떨어질 것이다. 교수가 사회적으로 존경받는다는 말 자체가 없어질 것이다. 대학교수는 대학에서 학생을 가르치는 선생, 강사로서의 의미밖에 없을 것이다. 필자가 그렇게 생각하는 이유는 간단하다. 교수가 되는 인적 자원의 질이 점점 떨어지고 있기 때문이다.

이전에는 어떤 사람들이 교수가 되었나? 일단 교수가 되기 위해서는 대학을 졸업하고 대학원 석사를 마치고 또 박사도 해야 한다. 박사 중에서도 국내 박사보다는 유학을 다녀온 박사들이 쉽게 교수가 되었다. 그런데 과거에 어떤 사람들이 대학을 가고 또 대학원을 갔나? 고등학교에서 공부를 잘하는 애들이 대학을 갔다. 그리고 대학생 중에서도 공부를 잘하는 애들이 대학원을 갔다. 대학원 석사

중에서도 공부를 가장 잘했던 애들이 박사과정에 들어갔다. 그리고 그중에서도 특히 우수한 학생들이 유학을 갔다.

1970년대, 80년대에 유학을 간 사람은 그냥 돈이 있어서 유학을 간 사람이 아니었다. 정말로 사회의 인재로 평가받던 사람들이었다. 대학, 대학원에서 성적이 정말 좋았고, 국가시험에 합격한 다음에 유학을 갈 수 있었다. 그 사람들이 학위를 딴 다음에 교수가 된 것이다. 그 당시에 살았던 사람들에게 교수가 된다는 건 정말 공부 잘하는 사람들만 가능한 일이다. 학창시절에 자기보다 공부를 훨씬 잘했던 애들이 교수가 되었다. 교수들의 말이 사람들에게 먹힌 이유이다. 자기보다 공부 잘한 사람들의 말은 일단 뭔가 있을 것이라 여긴다.

필자는 1990년대, 2000년대 초에 석사, 박사과정을 밟았다. 이때도 석사를 들어가는 건 공부 잘하는 사람들이었다. 석사 중에서도 잘한다는 사람들이 박사과정에 들어갔다. 경쟁률이 높았고, 어려운 시험을 통과해야만 석사과정, 박사과정을 들어갈 수 있었다. 유학한 사람들은 그중에서도 특히 우수한 학생들이었다. 그 시기의 교수는 공부 잘하는 직업, 보통 사람보다 뭔가 나았던 직업이었다. 밖에서 떠들면 말이 통했다.

2000년대 중반 이후부터 분위기가 달라진다. 그리고 2010년 이후는 완전히 바뀐다. 일단 대학은 누구나 다 간다. 대학 나왔다고 공부 잘하는 애라는 인식은 없어졌다. 중요한 건 석사, 박사과정에 진학하는 사람들이다. 이전에는 대학생 중에서 공부 잘하는 애들이 석사, 박사과정에 들어갔다. 그런데 어느 순간, 대학을 졸업한 후 특별히 할 일 없는 학생들이 석·박사과정에 입학하기 시작했다. 우수한 학생들은 대학을 졸업한 다음에 바로 취업하고, 취업이 안 된 학생들이 종종 대학원으로 진학했다. 물론 대학원에 입학한 학생 전체가 다 그런 건 아니다. 그중에는 공부를 잘하는 학생들도 있었다. 하지만 대학원이라는 곳이 공부 잘하는 학생들만 가는 곳이라는 통념은 깨졌다. 그러다가 대학원 석박사과정이 미달이 됐다. 그다음부터는 그냥 아무나 가는 곳, 돈만 있으면 가는 곳이 되어버렸다. 이건 그냥 일반 대학에서만 그런 것이 아니라 명문대도 똑같다. 대학에서 우수한 학생이 대학원에 진학하는 경우보다는 그저 그런 학생이 대학원에 들어가는 경우가 많아졌다.

유학은 그 위상 격하가 더 크다. 예전에는 정말로 공부 잘하는 학생들이 유학을 갔는데, 이제는 공부를 그렇게 잘하지 못하는 학생들이 이른바 '학벌 세탁'하려고 유학 가는 경우가 많아졌다. 고등학교 때 공부 잘하는 학생은 한국의 대학에 진학하고, 고등학교 때 성적이 잘 안 나오는 학생들이 외국으로 유학을 많이 갔다. 지금은 외국에서 학위를 따 왔다고 해도 우수한 학생이라는 느낌을 받지 못한다. 그냥 그러려니 하고 만다. 심지어 학생 때 공부를 그렇게 잘하지 못했던 학생이라는 평가를 받는 사례도 있다.

2000년대 초까지만 해도 교수가 되는 사람들은 같은 나이대에서 공부를 정말 잘하던 학생, 열심히 한 학생 중에서 나왔다. 그러니 교수가 뭐라고 하면 사람들 사이에서 나름대로 권위가 있을 수 있었다. 가장 똑똑한 사람이 하는 말이니까. 나와 같은 세대는? 필자 세대만 해도 공부 가장 잘하던 사람이 교수가 된 게 아니다. 공부를 좀 잘하는 축에 들기는 했지만, '아주 잘한다'는 평가는 받지 못했던 사람들이다. 보통 사람들에게는 공부 잘했던 애라는 평을 들을지 모르지만, 정작 공부 잘하던 애들에게는 별 인정을 받지 못한다.

필자보다 아래 세대로 넘어가면? 이때는 공부 잘하는 애들이 아니라 상대적으로 실력이 부족한 학생들이 박사학위를 취득하고 교수가 된다. 이 세대 사람들 사이에는 교수가 하는 말이 별 설득력이 있을 수가 없다. 다른 분야도 아니고 학문 분야인데, 공부 잘했던 애가 아니라 그렇지 않은 애가 학문을 두고 이러쿵저러쿵하는 말이 귀에 들어갈 리가 없다.

사실 교수의 사회적 위상이 높은 건 한국 특유의 현상이었다. 유럽, 미국 등에서 교수는 그냥 하나의 직업일 뿐이다. 사회적으로 높은 평가를 받는 직업이 아니다. 사람들은 한국에서 교수가 높은 평가를 받는 이유가 '스승을 높이는 동양 전통문화'에서 비롯되었다고 말을 하지만, 개인적으로는 우수한 성적의 학생들이 추후 교수가 된 시대적 경향 때문이라 본다.

유럽, 미국 등에서 사회적으로 인정받고 권위를 인정받는 교수는 명문대 교수뿐이다. 그냥 교수는 아무나 될 수 있지만, 명문대 교수는 학생 때부터 정말 열심히 공부한 학생만 될 수 있다는 걸 알기 때문이다. 한국도 앞으로 그렇게 될 가능성이 크다. 정말로 열심히 한 교수의 말은 들어줄 수 있고 높이 평가할 수 있다. 하지만 단지 교수라는 이유만으로 높이 평가하고 귀를 기울이는 일은 없어질 것이다. 교수라는 직업 자체는 별 게 아닌 게 될 것이다.

대안집단의 등장

· ·

공부를 잘하지 못했던 학생 중에서 교수가 되는 비중이 높아진다는 것이 꼭 문제라고 할 수는 없다. 학창 시절 성적이 어떤가가 미래를 결정짓는 요소는 아니다. 교수는 공부와 밀접한 연관이 있다는 인식이 있어서, 공부를 잘하지 못하던 학생이 교수가 되면 괜히 믿음직스럽게 바라보지 못하는 사람들은 있을 수 있다. 하지만 학생의 공부와 교수가 되기 위한 연구는 다르다. 교수가 된 다음에 그 가치를 보여주면 공부 잘하지 못한 학생이 교수가 되었다는 선입견을 이겨낼 수 있다.

문제는, 교수로서의 그 가치를 보여주기가 점점 더 힘들어진다는 데 있다. 교수의 가치는 무언가? 교수는 다른 사람들이 알지 못하는 것, 다른 사람들이 인식하지 못하는 것을 말해주는 것이 주된 가치이다. 교수의 주된 업무인 연구가 바로 그것이다. 다른 사람들이 그동안 몰랐던 것, 사회에 알려지지 않은 것을 새로 밝혀내고 알려주는 것. 이 일을 제대로 하면 교수의 가치는 보전될 수 있다.

예전에 유학 갔다 온 교수가 한국 사회에서 높은 가치를 인정받은 것도 그 때문이다. 외국에서 선진 지식과 문물을 익히고 돌아왔다. 선진국에서는 어떨지 모르지만, 한국에서는 처음 듣는 말이고 새로운 말들이다. 외국에 유학 갔다 온 사람들이 엘리트집단으로 인정받은 이유이다. 이런 엘리트집단인 교수들이 하는 말에는 신뢰성이 있었다. 어디 가서 교수가 뭐라고 하면 주의 깊게 듣는 사람들이 있었다. 보고서의 내용은 중요하지 않았다. 명문대학교의 교수가 썼다고 하면 설득력이 있었다. 필자는 연구 프로젝트가 운영되는 방식을 통해 교수의 가치와 위상이 바뀌고 있다는 점을 실감한다.

약 25년 전, 필자가 석사에 입학할 당시만 해도 연구 프로젝트를 하기가 굉장히 쉬웠다. 공공기관 등에서 연구 프로젝트를 해달라고 하는데, 실제 어떤 연구를 해달라는 건 아니었다. 공공기관 등에서 자료, 결론 등을 다 주고 정리하는 수준이었다. 중요한 건 그 연구를 대학교수들이 한다는 점이었다. 기관에서 요구하는 건 어떤 실질적인 연구 결과가 아니라, 대학교수들이, 그중에서도 특히 '명문대 교수들이 이런 결과를 발표했다는 점' 그 자체였다. 교수가 이 연구를 수행했다는 것, 그리고 그 학교가 이름있는 대학이라는 것, 그거면 통했다.

그런데 어느 순간, 분위기가 달라지기 시작했다. 학교의 이름을 빌리던 연구 프로젝트에서, 실질적으로 연구 결과를 요구하는 프로젝트로 변하기 시작했다. 기관의 현황 문제들을 실제 해결하고 풀어야 하는 과제들이다. 여기에서는 연구 수행자가 명문대학이냐 아니냐는 중요하지 않다. 유명한 교수이냐 아니냐도 의미가 없다. 정말로 그 문제를 풀 수 있는 연구자이냐 아니냐가 중요하다. 서울대 교수라 하더라도 연구 결과가 별 의미 없게 나오면 소용이 없다. 명망이 부족한 대학의 이름 없는 교수라 하더라도 그 문제를 풀었다면 과제를 준다.

이전에는 위원회 등에서 자문을 하더라도 명망이 있는 교수를 선호했다. 어느 순간 분위기가 바뀐다. 그 분야에서 연구 실적이 있는 사람, 다른 의견을 제시할 수 있는 사람, 회의 목적에 부합한 사람을 찾기 시작한다. 아무리 명문대학, 유명 교수라도 자기가 제대로 알지 못하는 분야에서는 쓸데없는 소리, 논조가 맞지 않는 이야기만 하게 된다는 것을 알게 된다. 이전에는 누가 말을 하느냐가 중요했다면, 이제는 그 내용 자체가 중요하다.

그러다 또 분위기가 달라진다. 이전에는 대학 말고는 연구기관이 거의 없었다. 그런데 연구기관들이 많이 생기고 또 발달하기 시작했다. 정부 연구기관들이 박사들에게 좋은 직장이 되었고, 또 사설 기관 연구소, 시민 활동을 하는 연구소, 개인 연구소들도 많아졌다.

여기서 질문. 대학교수도 연구를 하고 연구소 연구원도 연구를 한다. 이 둘 중 누가 더 연구를 잘할까? 연구소 연구원들이다. 그럴 수밖에 없다. 대학교수가 연구를 중요시한다고 해도, 대학교수는 연구만 할 수 없다. 할당된 강의를 해야 한다. 하지만 연구원들은 종일 연구만 한다. 물론 연구 외에 행정적인 일, 서류작업도 한다. 그런데 그건 대학교수도 똑같이 해야 하는 일이다. 연구소 연구원들이 훨씬 연구를 더 많이 한다. 연구에 투여하는 절대적인 시간이 다르다.

습득할 수 있는 자료도 마찬가지이다. 자료는 현장에서 나온다. 기업 연구소는 기업 현장과 직결되어 기업에서 자료를 습득한다. 환경연구소는 따로 환경업무를 수행하면서 자료를 얻는다. 그런데 누구나 알다시피 대학은 실제 현장과는 괴리된 곳이다. 교수가 개별적으로 열심히 노력하지 않으면 자료를 얻기 힘들다. 자료 데이터베이스 측면에서 연구원이 대학교수보다 훨씬 더 월등하다.

실제로 연구원에서 다수의 연구를 진행하고 많은 논문을 쓴 사람들이 교수로 지원한다. 이런 연구원 중 교수가 된 사례가 많다. 그런데 그랬던 교수라도 몇 년 지나면 보통 연구원보다 경쟁력이 떨어지게 된다. 연구 외에 다른 일을 많이 하는 교수의 속성상, 그리고 자료수집 측면에서 한계가 있는 교수의 속성상, 교수가 연구원의 연구 능력을 뛰어넘기는 힘들다.

또 컨설팅 회사도 많아졌다. 컨설팅 회사는 문제 해결에 도움이 되는 실질적인 지식을 전달해야 한다. 뜬구름 잡는 이야기, 타당하지만 문제 해결에 도움이 되지 못하는 이야기만 하면 바로 도태된다. 고객 맞춤형 정보를 이해하기 쉽고 알기 쉽게 제공해야 한다. 여러분이 지식에 대한 고객이라면 컨설팅 연구업체가 제시하는 지식과 교수가 제시하는 지식 중에서 어디를 더 마음에 들어 할까? 내부의 깊은 지식기반을 평가한다면 몰라도, 외부에서 평가하는 그럴듯함을 따지자면 상대가 될 수 없다. 프로젝트 발표회를 할 때 컨설팅 회사가 제안발표를 하는 것과 교수가 제안발표를 하는 것을 비교하면 누구나 컨설팅 회사에 손이 간다. 요즘 정부 연구 용역은 공개입찰을 거치게 되어 있다. 아무리 해당 분야 전문가 교수라 하더라도, 공개입찰로 연구팀을 정하게 될 때 용역을 따기가 굉장히 힘들다. 교수는 컨설팅 회사의 화려한 프리젠테이션과 맞춤형 정보제공, 연구용역을 반드시 따내야만 회사가 살아남을 수 있는 컨설팅 회사의 절박감을 이겨낼 수 없다.

과거에는 분명 교수가 사회에 뭔가 새로운 이야기를 할 수 있었고, 그에 따른 권위도 있었던 것 같다. 그런데 지금은 교수가 사회에 뭔가 새로운 이야기를 하기 힘들다. 외국 경험 있는 사람들이 많아져서, 외국의 이야기를 하는 것은 별 의미가 없다. 연구 관련 이야기를 하려고 해도, 현장 경험을 많이 가지고 연구에 전념하는 연구소, 컨설팅 회사보다 나은 이야기를 하기 힘들다. 그래서 교수의 외부 활동은 점점 줄어든다. 사회에서 교수를 찾는 수요가 계속 줄어든다. 지금 교수를 찾는 건 실제 교수의 지식이 필요한 경우보다는 위원회 구성 등을 맞추기 위하여 명목상 교수 이름이 필요한 자리가 대부분이다. 실제 사회에서 요구하는 지식을 전해줄 수 있는 교수는 극소수다.

사회에 새로운 지식을 전파해줄 수 없는 교수는 그냥 단순히 대학생들을 가르치는 선생일 뿐이다. 그것도 새로운 지식을 가르치는 게 아니라, 이미 정형화되어 있는 대학 교재를 가르치는 선생이다. 이 추세가 지속되면 결국 교수는 중고등학교 선생과 별 차이가 없어지게 된다. 현재 교수의 위상은 떨어질 수밖에 없다. 그만한 가치를 사회에 제공하지 못한다.

맺음말

    필자는 2021년 8월에 교수를 그만두었다. 어느새 2년이 지났다. 교수를 그만두고 알고 느끼게 된 게 몇 가지 있다.

    첫째, 교수로 있을 때는 만나서 이야기하는 사람이 대부분 20대였다. 대부분은 강의였지만 그래도 개인적인 이야기들도 있다. 그리고 행정조교들과도 같이 일을 하는데 조교들은 대부분 20대 중반이다. 20대 사람들을 만나서 이야기하는 게 일상생활이었다. 그런데 교수를 그만두니 20대 사람들을 만날 일이 없다. 20대만이 아니라 30대도 만날 일이 거의 없다. 만난다면 커피숍, 편의점 등의 직원, 아르바이트생뿐이다. 만나서 개인적인 이야기를 나누는 건 더욱더 없다.

    그리고 알게 된다. 어쩌면 교수, 선생의 가장 큰 특권은 젊은 사람, 어린 학생들을 만나서 이야기할 수 있는 기회가 있다는 것임을. 나이가 들면 젊은 사람을 만날 기회도, 이야기할 기회도 없어진다. 자기 가족이 아닌 한 세대 간에 서로 이야기할 기회가 없다. 회사에서 이야기를 한다고 해도 자기와 비슷한 나이대이다. 20살 이상 나이 차가 많이 나는 경우는 대화가 아니라 보고와 지시뿐이다. 같은 회사라 해도 50대 이사, 부장들과 20대 사원들이 제대로 대화하기는 쉽지 않다.

세대 간 소통이 필요하다 어쩌고저쩌고해도, 막상 사회에서는 세대 간 사람들이 서로 만나서 이야기하는 기회 자체가 거의 없다. 나이 50이 넘은 교수들이 20대 학생들과 어울리고 대화한다는 게 정말 특별한 기회였음을 알게 되었다.

둘째, 사람들이 교수라는 직업을 굉장히 긍정적으로 평가했다는 것도 알게 됐다. 교수를 그만둔 다음에 '교수를 그만두어서 아쉬운 게 없느냐?' 같은 말을 계속 접한다. 필자가 교수를 그만두게 된 이유가 개인적으로 나쁜 일이 아니라 좋은 일 덕분이었다는 것을 아는 사람들도 그런 말을 한다. 처음에는 교수를 그만두어서 축하한다고 말한 사람들도 조금 지나면 '그래도 아쉽지 않느냐?' 같은 질문을 한다. 교수를 그만둔 지 2년이 다 되어가는 지금도 가끔 그런 말을 듣는다.

사실 필자가 교수를 그만둔다고 했을 때 찬성했던 사람은 아무도 없었다. 가족이든 친구든, '그만둬도 된다는 건 알겠는데, 그렇다고 정말로 교수를 그만둬?'가 가장 일반적인 반응이었다. '하고 싶은 일이 있다고? 근데 그건 교수하면서도 할 수 있잖아.'처럼 말했다. 주변에서는 아직도 교수를 그만둔 것에 관해 아쉬운 말을 하는 사람들이 많다. 그만큼 교수라는 직업에 대한 인식이 긍정적이었다는 이야기이다. 아직 이 사회에서 교수는 통하는 직업이다.

셋째, 필자가 그동안 해오던 일 중에서 교수라는 명칭 때문에 한 일과 그것과 상관없이 필자의 업무 때문에 한 일을 구분할 수 있게 된다. 필자가 교수를 그만두면서 덩달아 그만둬야 하는 자리들이 있었다. 정부나 지자체의 자문회 위원 등이 대표적이다. 교수를 그만둔 다음 이런 자리는 자연히 다 물러나게 된다. 그리고 그 이후에 새로 이런 자리를 필자에게 제안하는 일도 없다. 이건 '나'라는 사람보다 교수라는 명칭이 더 중요했던 것이다.

이는 필자도 교수를 그만두면서 각오했었다. 그런데 교수를 그만두었는데도 계속 연락하는 경우가 있다. 교수를 그만두었다고 말을 했는데도 상관없다고 말을 한다. 이건 '교수'라는 명칭이 아니라 내가 가지고 있는 지식 등이 필요했던 것이다.

그동안 필자가 해오던 일이 교수이기 때문에 했던 일과 나 자신의 능력으로 해온 일로 구분된다. 그래도 의외로 필자를 필요로 하는 경우가 좀 있었다. '명목이 아니라 내용을 중요시하는 곳이 생각보다 많구나'라고 스스로 놀라는 중이다.

넷째, 정보량 측면에서 현업에 있는 것과 없는 것의 차이가 생각보다 크다. 필자는 교수로 있을 때 전국 대학입시의 학생 수, 대학 수, 입시경쟁률 등에 관해서 따로 공부하거나 연구하지 않았다. 대학의 취업률 추세가 어떤지, 여러 학교의 취업률이 어느 수준인지 따로 알아보려 하지 않았다. 하지만 몰랐던 건 아니다. 그런 걸 따로 알려고 하지 않았는데도 대강은 다 알고 있었다. 대학에서 나오는 수많은 공문과 보고서를 대하다 보면 자연스레 알게 된다.

대학을 나오고 나서는 그런 걸 알 수가 없다. 대학에 대한 정보는 인터넷 언론 정보를 통해서만 듣게 된다. 그런데 인터넷 언론 정보는 구체적인 것은 나오지 않는다. 그저 서울권 대학이 어떻다, 지방 국립대가 어떻다 정도일 뿐, 서울권 대학 중 각 대학의 사정이 어떤지, 지방국립대 중에서도 부산대, 경북대 등 각각의 사정이 어떤지는 상세하게 나오지 않는다.

현업에 있으면 해당 분야에 관해 더 열심히 공부하고 연구해서 더 알게 되는 건 아닌 것 같다. 그냥 현업에 있다는 그 자체만으로 들어오는 정보들이 있다. 외부에서 무지무지 열심히 공부하고 연구해야 알 수 있는 사항을, 현업에 있다는 이유만으로 자연스레 접하고 알게 된다.

조금만 더 지나면 필자가 교수에 관해서 쓰는 건 불가능해지겠다는 생각이 들었다. 아무리 학계가 변하지 않는다고 해도 그래도 계속해서 변한다. 약 15년 동안 교수 생활을 했어도, 그만둔 지 3~4년이 지나면 교수라는 직업에 관해서 말하기 힘들어질 듯했다. 그 정도로 현업에 있는 것과 없는 것의 지식 정보량 차이는 크다.

지금 필자가 교수 생활에 대한 글을 써야겠다고 마음먹은 이유도 그 때문이다. 조금 더 지나면 필자가 교수 생활에 관해 이러쿵저러쿵하는 게 적실성 없는 옛날이야기가 될 것이다. 교수마다 다 다르기는 하겠지만 '교수라는 직업은 이렇군, 교수라는 사람들은 이렇게 생활하고 이런 생각을 하는군, 이 사람은 교수를 하면서 이런 걸 경험했었군.' 정도로 봐주면 감사하겠다.

교수의 속사정

1판 1쇄 발행 2023년 11월 6일

지은이 최성락
펴낸이 최용범

편집 박승리, 유인창
디자인 김규림
관리 이영희

펴낸곳 페이퍼로드
paperroad
출판등록 제10-2427호(2002년 8월 7일)
주소 서울시 동작구 보라매로5가길 7 1322호

이메일 book@paperroad.net
인스타그램 @paperroad_book
트위터 @Edi_paperroad
전화 (02)326-0328
팩스 (02)335-0334

ISBN 979-11-92376-31-8 (03330)